**첫 대법원장 김병로
법 이야기 명장면**

초판 발행 2022년 11월 10일

ⓒ 이경화, 박영선 2022

글 이경화 | **그림** 박영선
기획 가인 김병로 연구회 | **감수** 배상선
편집 래미 · 카린 | **디자인** 종달새
펴낸이 이재복 | **펴낸곳** 출판놀이

등록 2015년 3월 5일 757-94-00013
주소 서울 마포구 망원로 75-1 동남빌딩 4층
전화 (02)6081-9177
전자우편 pubnori@daum.net
인스타그램 instagram.com/pubnori
홈페이지 cafe.daum.net/pubnori
ISBN 979-11-972079-7-6 (73990)

이 책의 일부 또는 전부를 재사용하려면 반드시 저작권자와 출판놀이 양측의 동의를 받아야 합니다.
잘못 만든 책은 바꾸어 드립니다. 책 모서리에 다치지 않게 주의하세요.

첫 대법원장
김병로
법 이야기 명장면

가인 김병로 연구회 기획
이경화 글 | 박영선 그림

차례

1. 유조리 최열렬 • 9
2. 억울하면 변호사를 데려오든가 • 18
3. 모든 권력은 국민으로부터 나온다 • 23
4. 암태도 소작쟁의 • 30
5. 펑펑물 사람들을 지켜라 • 37
6. 분해서 견딜 수가 없었어요 • 44
7. 300만 명의 독립운동가 • 53
8. 이념을 넘어선 항일 단체, 신간회 • 60
9. 조국이 해방하던 날 • 64
10. 대한민국 첫 사법부장 • 72

11. 전 세계 모든 나라의 헌법을 가져다주시오 • 77

12. 첫 대법원장 • 84

13. 대통령은 내가 눈엣가시였을 거야 • 90

14. 영영 이별이 될 줄은 꿈에도 생각을 못 했어 • 97

15. 대한민국 법률과 법제의 기초를 세우다 • 105

16. 이의가 있으면 항소하시오 • 114

17. 대법원장 퇴임 • 123

가인 김병로 연구회 소개 • 130

초등 학년별 교육과정 연계 활동 내용 • 132

이 책은 여러분이 읽기 편하도록
김병로가 말하는 것처럼 썼습니다.
가인 김병로가 들려주는 법 이야기의 세계로
여러분을 초대합니다.

1
유조리 최열렬

유조리, 최열렬이 무슨 말인지 아니?
먼저 말해두자면 사람 이름은 아니야.
사람들은 나더러 '유조리 최열렬'한 사람이라고 하더구나. 나를 그렇게 부른 재판에 관한 이야기를 해줄게.

1923년 5월 12일, 나는 경성 지방법원 형사부 제7호 법정으로 향했어. 변호사 자격이었지.
재판정에 들어가기 전에는 용기를 불어넣듯 심호흡을 크게 한 번 한단다. 재판정은 나에게 전쟁터나 다름없거든.
일본에 나라를 빼앗겼을 때이니 재판을 하고 벌을 내리는 사람은 모두 일본인들이야. 판사도 일본인이고 검사도 일본인이지. 죄를 저질렀다는 의심을 받는 피고인들은 죄다 조선인이었단다. 일본은 우리나라를 강제로 빼앗더니, 재판정에서 우리 국민을 죄인으로 만들어 합법적으로 고문을 하고 벌을 주었어. 재판정은 나라 잃은 조선의 상황과 비슷했단다.

내가 법정에 서는 이유는 조선인 변호사로서 죄가 없는 우리 국민을 변호하기 위해서야. 독립운동을 하는 마음인 거지. 내가 합법적으로 독립운동을 할 수 있는 곳이 바로 재판정이란다.

일본이 우리나라를 강제로 뺏은 지 벌써 10년이 넘은 때였어. 며칠 전인가는 일본인 순사가 물건을 파는 조선인 하나를 죽인 일이 있었어. 이유가 뭔지 아니? 단지, 물건값을 깎아 주지 않았다는 거였어. 이유는 그것 하나였어. 어쩌면 죽이고 난 후에 이유를 찾았는지도 모르지. 나라를 잃었다는 것은 그렇게 하나밖에 없는 소중한 생명이 무참하게 짓밟히는 일이란다.

오늘 사건은 독립운동가 김상옥* 사건이야. 김상옥 없는 김

* 김상옥 (1889-1923) 일제강점기 의열단원. 종로 경찰서를 폭파한 후 일본 경찰과 총격전을 벌이다가, '대한 독립 만세'를 부르면서 자결, 순국하였다.

상옥 사건이지.

김상옥은 '동대문 홍길동'이라는 별명으로 불리던 쌍권총을 아주 잘 쏘는 사람이었어. 종로 경찰서는 독립운동가들을 가장 많이 고문한 곳이었고, 김상옥이 직접 만든 폭탄으로 종로 경찰서를 폭파한 날, 일본인들이 얼마나 당황했는지 아니? 그들은 사건을 감추기에 급급했어. 우리 독립운동가를 일본인들은 '불령선인'이라며 '제멋대로 행동하는 조선인'으로 불렀거든.

불령선인에게 당하였으니 자존심이 상했던 거지. 한편으로는 무섭기도 했을 거야. 그들의 통치 수단까지 바꾼 3·1 운동의 뜨거운 함성이 아직 귀에 쟁쟁할 테니까 말이야.

일본인들은 이틀이 지난 후에야 종로 경찰서가 폭파되었음을 인정했어. 그리고 남몰래 사람들을 풀어 정보를 모은 후 김상옥이 범인인 것을 알아냈지.

김상옥은 이미 일본의 지위가 높은 관료를 암살하려다 실패한 사건으로 사형이 선고된 이후였어. 이제 합법적으로 김상옥을 죽이는 일만 남았지. 김상옥 한 명 죽이기 위해 일본 경찰 몇 명이 동원됐는지 아니? 천 명, 천 명이야. 김상옥은 일본 경찰과 싸우다 두 눈을 부릅뜨고 이를 악물고 양손에 권

총을 꽉 잡은 채 죽었어. 몸에서 11개의 총알이 나왔지.

위대한 독립운동가가 또 한 명 사라졌어. 나는 김상옥처럼 두 눈을 부릅뜨고 이를 악물었어. 두 주먹도 불끈 쥐었지.

일본 경찰은 김상옥을 죽인 것으로 만족하지 않고 그를 도왔다는 명분으로 8명을 더 잡아들였어. 하지만 법정에 나온 건 5명뿐이었어. 잔인한 고문으로 걸을 수도 없는 상태가 된 거야. 일본 경찰은 아무 죄 없는 조선인을 고문해서 죽여도 아무런 벌을 받지 않았단다.

나는 재판정의 문을 벌컥 열었어. 재판정 안에는 사람들이 가득 차 있었지. 독립운동가 김상옥의 재판을 보기 위해 우리 조선인들이 몰려온 것이었어. 의식적으로 어깨를 쫙 폈지. 우리 민족에게 당당한 모습을 보여주고 싶었거든. 나는 체구가 작고 좀 왜소한 편이지만 목소리만큼은 누구에게도 지지 않아. 김상옥에게 쌍권총이 독립운동의 무기였다면 나에게는 우렁찬 목소리가 있는 거지.

재판이 시작되자마자 검사는 마치 기다렸다는 듯이 제령 제7호 위반을 들고나왔어.

"피고인들은 모두 제령 제7호를 위반하였습니다. 독립할 목적으로 사회 질서를 해쳤으니 법률에 따라 8명 모두 10년을 선고해주십시오."

나는 피고인석에 서 있는 사람들을 바라보았어. 고문이 얼마나 심했던지 제대로 서 있지도 못해. 몸을 부들부들 떨고 있어. 옷이 미처 가리지 못한 살에는 여기저기 검은 멍 자국이 가득했지.

"변호인, 변론하겠소?"

재판장의 말에 방청객들의 시선이 일제히 나를 향했어. 나는 방청객 자리에 앉아 있는 우리 조선인 한 명 한 명을 돌아보았어. 그들의 눈에는 절망과 희망이 꼭 반씩 들어차 있었지. 나는 검사를 돌아보며 심문하듯 물었어.

"피고인은 모두 8명인데 3명은 어디 있습니까?"

난데없는 질문에 검사가 당황했지.

"고문 때문에 못 나온 것 아닙니까?"

"고문을 한 것이 아니라 죄를 캐물은 것이오."

나는 검사의 말이 끝나자마자 재판장을 향해 말했어.

"고문을 했다는 증거로 피고인 이혜수* 씨를 증인으로 신

* 이혜수 (1891-1961) 일제강점기 독립운동가.

청합니다!"

 재판장은 잠시 머뭇거렸어. 하지만 허락을 할 수밖에 없었지. 신청을 거부하면 고문을 했다는 것을 대놓고 인정하는 셈이니까 말이야. 방청객 중에는 신문기자들도 있었거든.

 "인제 와서 증인이라니 말도 안 됩니다."

 검사가 저항했으나 재판장은 말했어.

 "인정합니다."

 재판장의 말이 끝나자마자 문이 열리고 들것에 실린 이혜수 씨가 들어왔어. 방청객이 술렁이기 시작했지. 온몸이 피투성이에 멍투성이였던 이혜수 씨는 팔다리를 움직일 수 없는 상태였어. 갈비뼈는 부러져 있었고, 오염된 물만 먹인 탓에 얼굴은 뼈가 드러나 있었어.

 "이혜수, 이혜수 씨."

 이름을 몇 번 부르던 재판장도 그 끔찍한 모습을 볼 수가 없어 얼굴을 돌려버렸어. 이혜수 씨는 정신을 잃은 상태여서 대답도 할 수 없었단다.

 방청석에서는 야유 소리가 들리기 시작했어. 일본 검사는 얼굴을 울그락불그락했지.

내가 이혜수 씨를 증인으로 채택했던 건 병보석으로 풀려나게 하려는 의도였어. 저 상태로 감옥에 있다가는 언제 죽게 될지 알 수 없었거든.

"이혜수는 김상옥을 숨겨주었소."

검사는 씩씩거리며 말했어.

"8명 모두 독립운동을 했다고 실토했소. 그러니 모두 제령 제7호 위반이오. 모두 징역 10년에 처해야 합니다."

내가 다시 나설 차례였지.

"8명 피고인이 제령 제7호 위반이라고 한다면 이천만 조선인 전체가 제령7호 위반이오! 조선인 전체를 모두 감옥에 가두시오!"

나는 배에 힘을 딱 주고 목청을 돋우어 말했어.

"이천만 조선인 중에 조선 독립을 희망하지 않는 자가 어디 있소? 조선인이 독립을 희망하는 것은 당연한 일이오! 그러니 8명 피고인들은 모두 무죄요. 만약 피고인들을 감옥에 가둔다면 우리 민족 전체를 그물에다 잡아넣는 것이오. 이는 죄 없는 사람을 억지로 처벌하는 것이니 일본 국가에 대해서도 치욕이 아닌가 의심하는 바이오!"

방청석에서 박수 소리가 나왔어.

"조선인이 독립을 희망한다는 건 맞는 소리가 아닌가."

"조리가 있네요. 유조리합니다."

"저렇게 열렬하게 변호를 하다니."

"최고로 열렬한 변호니 최열렬이오."

수군거리는 소리가 점점 더 커지자 재판장이 판사봉을 들고 땅땅땅, 두드렸어.

"조용히 하세요."

얼굴은 잔뜩 죽상이었지.

다행히 이혜수 씨는 병보석으로 풀려났어. 다른 사람들도 형을 조금은 줄일 수 있었지. 하지만 나는 가슴에 바윗덩어리 하나 들어앉아 있는 것처럼 무겁고 답답했어. 조선이 독립되기 전까지는 늘 그럴 테지.

재판정에서 나와 법복을 벗었어. 그리고 의식처럼 조용히 말했지.

"대한 독립 만세."

법정에서 크게 소리쳐 외치고 싶은 말이었단다.

2
억울하면 변호사를 데려오든가

'조선이 왜 이리되었는가?'

나는 생각하고 또 생각했지. 1910년 3월, 22살에 동경 유학 길에 오른 건 그 때문이었어. 조선이 힘을 가지려면 조선인 한 명 한 명이 힘을 가져야 한다고 생각했거든.

일본은 조선인이 결코 힘을 가질 수 없도록 무단통치*를 했어. 헌병경찰제라는 것을 도입해서 조선인들이 말을 안 들으면 태형을 했지. 태형이란 엉덩이를 때리는 벌이야.

엉덩이를 드러내고 채찍으로 맞는다고 생각해 봐. 소가죽

---

* **무단통치** 1910년대 일본이 조선에 행했던 통치 방법. 일제는 모든 군사·정치·문화 활동을 금지하고 공포 분위기를 조성했다.

으로 만든 채찍에 금속을 매달았으니 맞다가 죽는 사람도 많았지. 무엇보다 치욕스러운 일이지. 이 야만스러운 태형을 일본은 조선 사람한테만 사용했어. 매일신보(1918. 8. 1.)에는 1917년 한 해 동안 145만 대의 볼기를 쳤다는 내용이 나와.

교실에 들어가면 교사가 칼을 차고 있어. 말을 듣지 않으면 당장이라도 그 큰 칼로 학생들을 위협하거나 폭행을 가했지. 거기다가 조선인에게는 아주 저급한 내용만 가르치고, 상급 학교는 진학도 할 수 없게 막았어.

일본은 점점 더 야만스럽게 변해갔단다.

조금이라도 수가 틀리거나 기분이 나쁘면 조선인을 경찰에 고발했지. 죄목은 필요 없어. 조선인이라는 것이 죄였지. 일본 경찰들은 이유는 물어보지도 않았어. 태형을 하거나 감옥에 가두고 고문을 했어.

하지만 일본에도 법이 있어. 일본인도 사람이야. 아무리 식민지 땅이라지만 사람이 사람을 상대로 어떻게 이렇게 무자비할 수 있을까?

때로 일본인들은 선심 쓰듯이 말했어.

"억울하면 변호사를 데려오든가."

"변호사가 뭔지 안다면 말이야."

식민지 조국에서 내가 할 수 있는 일은 바로 변호사였어. 나라가 정해준 내 운명이었지. 나라를 잃었으니 일본이 허가해주는 변호사가 될 수밖에 없었단다. 목적이 분명해지자 나는 더욱 잠을 아껴가며 공부했어.

유학길도 쉽지는 않았어. 일본 경찰은 목포에서 출발해 일본 고베로 가는 배에 탔을 때부터 미행을 시작했지. 배에 탔을 때는 불쑥 얼굴을 들이밀기도 했어.
"잠깐 짐 좀 봅시다."
사복을 입은 경찰은 내가 대답하기도 전에 가방을 뒤졌어. 그러고는 경고하듯 말했지.
"허튼수작하면 재미없소. 조심해야 할 거요."
일본 경찰은 도쿄의 자취방에도 찾아왔고, 내가 입학한 메이지대학에서도 살다시피 하면서 감시를 멈추지 않았어. 도쿄 유학 시절 내내 그랬지. 다른 학생들보다 유독 일본 경찰의 감시를 많이 받았던 이유는 의병 활동 때문이었어.

1905년 일본이 우리나라를 강제로 합병했다는 소식에 백성들이 스스로 조직한 군대가 바로 의병이야. 나도 가만히 있을 수 없었단다. 농기구만으로 싸울 수 없으니 총을 쏠 수 있는 포수를 포함해 수십 명을 모아 최익현* 선생에 힘을 보탰어. 그때 내 나이 18세였어. 최익현 선생은 70세였으니 나라를 되찾으려는 마음에 나이 따위 문제가 되지 않았지. 목숨을 내놓고 일본에 맞섰으니, 일본 경찰이 모를 리 없었던 거야.

열심히 공부한 성과가 있어서 1학년 전 과정을 3개월 만에 마쳤단다. 1912년 3월 메이지대학 법과 3학년에 편입을 했으니, 1년 만에 이 모든 것을 이룬 거야. 스스로 정말 감격스러웠어. 돈이 없어서 사각모 한번 써보지 못하고, 이불도 친구들이 덮다가 버린 것을 주워 덮으며 보낸 세월이 떠올라 감정이 북받쳤지.

1913년 12월 다시 세 번째 유학길에 올랐을 때는 빨리 변호사가 되고 싶어서 안달이 났어. 독립운동 하는 기분으로 정말 열심히 공부했지. 1915년 6월 28일 메이지대학 졸업과 동시에 일본대학 법과를 졸업했어. 전 과목에 걸쳐 성적도 좋았단다. 일본 교수들도 변호사 시험에 응시하면 높은 성적으로 합격할 거라며 전혀 의심하지 않았어.

• **최익현** (1833-1907) 정치인, 독립운동가. 1905년 을사늑약에 저항한 대표적 의병장.

나라를 잃었다는 건 개인의 운명을 바꾸는 일일 뿐만 아니라, 꿈을 포기해야 하는 일이기도 해. 아무리 열심히 준비했건, 아무리 오랫동안 준비했건 상관없어. 꿈을 이루기 위해 가족을 떠나 머나먼 외국에서 외롭고 고독한 시간을 보낸 사람의 사정 따위 전혀 봐주지 않는단다.

"드디어 때가 왔다!"

나는 그렇게 생각하며 변호사 시험에 응시할 서류를 준비했지. 그리고 일본 정부의 결정이 내려져.

일본인 이외에는 변호사 시험에 응시할 자격을 허용할 수 없다.

하늘이 무너지는 것 같았어. 나는 그대로 주저앉아 실제로 하늘을 올려다보았어. 정신이 나가 눈물도 나지 않았지. 주먹으로 가슴을 쳤어.

내가 호를 가인(街人)이라고 지은 게 바로 그때란다. 가인이란 '거리의 사람'이라는 뜻이야. 나라를 잃었으니 집을 잃은 것과 같다는 것이지. 내가 호를 가인이라고 짓자, 후에 친구들이 거지라고 놀려먹곤 했지.

그때만 해도 나는 가인이라는 호를 평생 쓸 것이라고는 생각도 하지 못했단다.

3
모든 권력은 국민으로부터 나온다

조선으로 돌아와서 처음 한 일은 학생들을 가르치는 일이었어.

비록 변호사가 되지는 못했지만, 조선 학생들 한 명 한 명을 인재로 만들어야 한다는 사명감에 불탔던 시절이었지.

그때는 조선에 대학이 없었단다. 다만 경성 전수학교라는 곳이 있었어. '조선인 남자에게 법률 및 경제에 관한 지식을 가르쳐 공·사 업무에 종사하는 자를 양성'하는 곳이라는 허울을 내세웠지만, 교수들은 모두 일본인이었어. 조선인 교수는 딱 한 명이었어. 내가 들어갔으니 두 명이 되었지.

나는 형법*을 중심으로 강의를 했는데 때로는 민법*이나 상법*도 가르쳤어. 보성 법률상업학교 강의도 시작하자, 유학 시절처럼 잠자는 시간을 아껴야 했지. 아침 일찍부터 오후 4시까지는 경성 전수학교에서, 오후 5시부터 10시까지는 보성 법률상업학교에서 학생들을 가르쳤어. 강의안을 준비할 시간이 없어서 2, 3일 밤을 새우는 일이 허다했지. 그래도 강단에 서서 우리 조선 학생들을 보노라면 힘이 불끈 솟아 힘든 줄을 몰랐단다.

나라의 운명을 바꾸었던 3·1 혁명은 내가 교수로 있을 때 일어났어. 민족 대표 33인이 태화관이라는 음식점에서 독립 선언서를 낭독할 때만 해도, 3·1 운동이 3·1 혁명이 될 것이라고 생각하는 사람은 많지 않았어.

조선 민족 전체가 아무것도 쥘 것이 없어서 맨손을 번쩍 들고는 3개월 동안 하루도 빠짐없이 "독립 만세!"를 외친 거야. 전 세계를 통틀어 식민 지배를 받는 그 어느 나라에서 이토록 열렬한 저항을 했던가? 오직 우리나라, 조선뿐이었어.

민족 대표들이 약속한 장소였던 탑골공원에 나타나지 않자

- 형법 범죄와 형벌에 관한 법률 체계.
- 민법 사람들이 일상적인 생활을 하면서 생기는 일과 관련된 법.
- 상법 상인과 회사 혹은 회사와 회사 사이의 관계를 규율하는 법.

청년, 정재용이 뜨거운 울분을 담아 독립선언서를 낭독했어.

"우리는 조선이 독립한 나라임과 조선 사람이 자주적인 민족임을 선언한다!"

공원에서 민족 대표 33인을 기다리던 사람들의 시선은 모두 정재용에게 향했어.

"일본에 나라를 빼앗기고 괴롭힘을 당한 지 10년이 지났으니, 조선 민족의 존엄성은 무너지고 살아갈 권리마저 빼앗겼다!"

정재용 학생은 독립선언서를 다 외우고 있었어. 두 주먹을 불끈 쥐고 흔들며 소리쳤어.

"우리는 이에 떨쳐 일어나도다! 환한 미래를 향하여 힘차게 곧장 나아갈 뿐이로다!"

곧이어 탑골공원에 빼곡하게 들어 차 있던 사람들이 맨주먹을 하늘로 내지르며 소리쳤단다.

"대한 독립 만세!"

"대한 독립 만세!"

경성 전수학교 교장 아베코는 놀라서 얼굴에 핏기가 싹 사라졌어. 학생들이 학교에 나오지 않았거든. 모두 만세 시위를 하기 위해 거리로 뛰쳐나갔던 거지.

"학생들 집에 가서 학교에 나오라고 하시오. 당장 내일부터 출석하지 않으면 퇴학이라고 알리시오."

학감 다카마스는 발을 동동 구르며 협박했어. 나는 그 모습이 가소로웠지.

학생들 집에 방문은 했어. 더러는 만나기도 했고 말을 전하기도 했지.

"제군들, 정신을 똑바로 차려라! 더 열렬히 싸워야 한다!"

나는 학생들을 열심히 격려하고 다녔어.

3·1 혁명 동안 일본 경찰은 7천 5백 명의 조선인을 죽이고 5만 명을 감옥에 가둬. 우리나라 5천 년을 통틀어 가장 많은 사람이 뜻을 모은 시위였고, 사망자와 부상자도 가장 많았지.

일본 경찰은 업무가 마비되었어. 그래서 조선인에게 판사의 자격을 부여했던 거야. 나는 자격이 되어 4월 16일 밀양 지청 판사가 된단다. 그리고 다음 해 1920년 4월 17일 판사직을 그만두고 변호사 자격을 얻어. 변호사가 판사를 할 수는 없지만, 판사를 한 사람은 변호사를 할 수 있다는 법이 있었거든.

그러니까 나를 변호사로 만든 건 2천만 국민이 기꺼이 내놓은 목숨값이란다. 단 한 번도 내 사리사욕을 위해 쓸 수 없는 중요한 임무를 부여받은 거야.

3·1 혁명은 해외로까지 퍼졌어. 만주, 연해주, 중국, 미국 등지에 살고 있던 조선인들도 "독립 만세!"를 외쳤으니 전 세계에 우리의 독립 의지를 선포한 거지.

3·1 혁명이 일어났을 때 조선에서는 한성 정부가 만들어졌어. 운동을 조직적으로 이끌 정부를 만들려는 노력이었지. 아직 식민지이니 임시라는 말을 붙여서 연해주와 중국 상해에도 임시정부가 세워졌어.

임시정부들을 대표하여 4월 11일 새벽, 상하이 임시정부에서 대한민국 임시헌장을 발표해. 대한민국 헌법 제1조 1항이 뭔지 알고 있니?

'대한민국은 민주공화국이다.'

민주공화국이란 가장 중요한 권리인 주권이 국민에게 있으며, 주권의 사용도 국민의 뜻에 따라 이루어지는 나라야. 민주공화국을 한마디로 한다면 국민이 주인인 나라란다.

이 헌법이 만들어진 것이 바로 1919년 4월 11일이야. 우리는 지금도 이 헌법을 이어받고 있어. 그러고 보면 지금의 우리를 만든 건 100년도 전, 독립운동가들이구나.

대한민국, 한국이라는 말도 이때 만들어진 거야.

1910년 한국 강제병합은 대한제국 황제가 주권 포기 선언을 한 것이므로 이제 주권은 국민이 갖겠다는 거야. 대한제국이라는 말에서 황제의 '제'가 국민의 '민'으로 바뀌었으니 대한민국이 된 거지.

헌법 제1조 2항도 알고 있니?

'대한민국의 주권은 국민에게 있고 모든 권력은 국민으로부터 나온다.'

1919년 3월 1일부터 시작된 이천만 국민의 독립에의 열망이 왕이 주인인 군주제를 국민이 주인인 민주공화국으로 만들었어. 그러니 3·1 혁명이란다.

4
암태도 소작쟁의

3·1 혁명에 깜짝 놀란 일본이 또 한 번 놀란 사건이 있었어.

3·1 혁명 이후 일본은 '무단통치'에서 '문화통치*'로 바꿔. 문화통치라는 건 일본이 하는 이야기이고 실은 민족분열정책이라고 보는 게 맞아. 이때 일본은 일부 조선인들에게 부와 권력을 주었어. 조선인의 적을 조선인으로 만들기 위해서였지. 친일파들이 생겨나던 때야.

암태도는 전라남도 신안의 작은 섬이야. 문화통치의 한 방법으로 우리 신문인 조선일보, 동아일보가 만들어져서, 나도 신

* **문화통치** 1920년대 일본이 조선에 행했던 통치 방법. 조선인 관리를 임용하고, 언론의 자유를 일부 보장해주며 민족을 분열시키는 데 중점을 두었다.

문을 통해 암태도에서 일어난 사건들을 유심히 보고 있었어.

일본은 1910년부터 18년까지 '토지조사사업'이라는 걸 벌여. 조선인들의 토지를 뺏을 속셈이었지. 암태도의 농민들도 토지조사사업으로 모조리 땅을 뺏기고 말았어. 그 땅의 대부분은 친일파 문재철이 가지고 있었는데, 문재철의 땅을 밟지 않으면 암태도를 지나갈 수 없다는 말까지 있었지.

문재철은 소작인들에게 수확량의 80%를 농지 사용료 대가로 내라고 했어. 정말 악독한 지주였지. 그렇게 소작료를 내면 먹고살 수가 없거든. 농민들은 목숨을 걸고 싸울 수밖에 없었어. 문재철은 일본 경찰과 짜고 시위를 주도했던 서태석과 농민 등 30명을 감옥에 가두었어.

그런데 암태도 농민들 600명이 목포 법원으로 가서 음식을 먹지 않고 항의하는 단식 농성을 시작한 거야. 6박 7일 동안 진행되었던 목숨을 건 싸움에 대해 동아일보(1924. 7. 13.)는 이렇게 전하고 있어.

대지로 요를 삼고 창공으로 이불을 삼아,
입은 옷에야 흙이 묻든지 말든지,
졸아드는 창자야 끊어지든지 말든지,

오직 하나 집을 떠날 때 작정한 마음으로······.

나는 그 기사를 읽고 목포 법원으로 달려갔어.

과연 법원 앞에는 일본에 저항하는 뜻으로 하얀 한복을 입은 사람들이 발 디딜 틈 없이 빼곡하게 앉아 있었어. 7월의 뜨거운 햇살 아래서 농민들은 물 한 모금 입에 대지 않고 간간이 구호를 외칠 뿐이었지.

"소작료를 내려라!"

"추수를 거부한다!"

나는 외침 소리가 들리는 쪽으로 걸음을 옮겼어. 신문에서 보았던 면장 서태석*도 보였어. 감옥에서 나오자마자 단식 농성에 합류한 거였지. 숱 많은 눈썹은 화난 것처럼 휘어져 있었는데, 사진에서 본 것처럼 아주 단단해 보이는 사람이었어.

"나는 변호사요."

그 소리에 서태석이 벌떡 일어서더니 내 손을 덥석 잡았지. 마르고 거칠지만 역시 단단한 손이었어.

"도와주실 수 있습니까? 돈은 없습니다."

* 서태석 (1885-1943) 일제강점기 노동 운동가.

"저도 소작쟁의*를 하러 온 것입니다. 함께 싸워 봅시다."

나는 힘내라는 의미로 잡은 손을 흔들었어.

재판은 신속하게 열렸어. 여론이 좋지 않아서 재판부는 압력을 느끼고 있었지.

검사는 소요죄, 상해죄, 주거침입죄 등 본질과는 다소 먼 주장을 했어. 나는 검사와 재판장을 향해 물었어.

"피고인들이 그런 죄를 저지르게 된 사건의 원인이 무엇이오?"

목청을 돋우어 소리쳤지.

"가난한 농민을 폭력으로 억압한다면 죄를 짓지 않고 별도리가 있소? 원인을 제공한 것은 지주 문재철과 문재철을 도운 경찰이니 피고인들은 모두 무죄요!"

나는 한 발 더 나갔어.

"600명 농민이 굶어 죽을 지경이오. 저들은 지금 법원 앞에서 굶어 죽나, 소작료 80%를 내고 굶어 죽나 마찬가지라고 생각하고 있소. 저 600명이 없다면 농사는 누가 짓겠소? 문

* 소작쟁의 소작농이 지주에게 소작 조건의 개선을 요구하며 벌이는 농민운동.

재철 혼자 암태도의 농사를 짓겠소? 지금 농민들이 주장하는 바를 들어주지 않으면 모두 굶어 죽을 테니 알아서 판결하시오!"

검사는 입만 몇 번 달싹거리더니 그 자리에 주저앉더군. 재판장은 잠시 휴정하더니, 곤혹스러운 얼굴로 들어왔어.

"판결합니다."

침통한 목소리였지.

"서태석을 포함한 30명은 전원 무죄로 한다."

재판장은 고개를 들지 않고 말했어.

"소작료는 4할로 정하고, 지주는 소작인회에 2,000원을 내놓는다."

나는 참았던 숨을 토해냈어. 4할이란 소작인들이 주장했던 40%야. 우리 농민들의 완벽한 승리였지.

서태석과 농민들은 서로 얼싸안으며 마치 아이들처럼 발을 굴렀어. 이제 암태도 아이들은 칡뿌리를 먹지 않고 쌀을 먹을 수 있게 되었어. 칡뿌리를 하도 먹어 벌겋게 달아오른 입 주위도 곧 가라앉겠지. 하지만 40%도 소작인들이 일해서 얻은 곡식이 아닌가?

대한민국은 민주공화국이야. 그렇다면 땅의 주인도 국민이

어야 하지 않는가?

　나는 법원에서 나와서 파랗게 쨍한 하늘을 오랫동안 올려다보았어. 언제쯤 가인이라는 호를 버릴 수 있을까? 언제쯤 나라를 되찾을 수 있을까? 한여름인데 가슴이 뻥 뚫린 것처럼 시려왔단다.

5
펑펑물 사람들을 지켜라

일본 재판정에서 조선인은 늘 피고란다.

나는 일본인을 피고로 법정에 세우려는 생각을 했어. 그들이 잘못한 일이 한 두 개가 아니지만, 백두산 깊은 삼림 속에 있는 화전민 마을 펑펑물에 한 짓은 정말 끔찍했어.

화전민은 땅에 불을 놓아 들풀과 잡목을 태운 뒤 그것을 거름 삼아 농사를 짓고 사는 사람들이야. 펑펑물에는 무려 1천 가구의 화전민이 살고 있었단다. 조선인들을 감시하기 위해 만들어진 조선총독부는 화전민 마을을 없애려고 1929년 6월 16일부터 18일까지 3일 동안 63채의 집을 불태우고 3채의 집을 망가뜨렸어. 그대로 둔다면 1천여 채의 집이 모두 불에 타서 없어질 게 분명했지.

무엇보다 중요한 건 현장 조사였어. 나는 책임자를 자청했단다.

"거기가 얼마나 먼지 아는가?"

"무리네. 무리야."

사람들이 모두 만류했어. 함께 가기로 한 기자들도 손을 내저었지. 동아일보, 중외일보 기자였어.

"저희가 잘 취재해서 오겠습니다."

"공부만 하신 분이 그 험한 길을 감당이나 하실는지……."

나는 아랑곳하지 않고 서둘렀어. 내가 체구는 작지만, 정신력만큼은 젊은 사람 못지않으니까 말이야.

서울에서 혜산진까지는 열차로 갔지만, 혜산진에서 펑펑물까지는 걸어가야 했어. 무려 200리야. 200리라 하면 서울에서 평양까지 거리보다 훨씬 더 멀지. 혜산진에서 펑펑물까지 가려면 해발 2천 미터나 되는 산을 세 개 넘어야 하고, 숲과 폭포를 지나야 하거든.

펑펑물이 좋은 땅도 아니야. 곡물은 감자와 귀리 정도만 재배할 수 있었지. 이렇게 나쁜 땅에서 그 많은 사람이 왜 살았겠니? 일본 사람들이 하도 괴롭히니까 도망갔던 거야. 일본 사람들도 평평물까지는 쳐들어올 생각을 하지 못했거든.

혜산진에서 내려 평평물에 가는 길로 들어섰어. 마음을 단단히 먹었지만 쉽지 않았지. 우리를 먼저 맞아준 건 하늘을 덮을 정도의 숲이었어. 하늘을 빼곡히 가린 울창한 숲이었는데 놀랍게도 나무들이 모두 썩어 있었어.

하늘에서 뭔가 후드득 쏟아져 나도 모르게 얼굴을 들었지. 나무에 눌어붙어 있던 이슬이 썩은 비를 만들어 공중에 뿌려대고 있었던 거야. 그야말로 썩은 비였어. 재빨리 다시 고개를 숙였지만 썩은 비는 이미 눈 속이며 콧속을 파고들어 뱃속까지 흘러드는 것 같았단다. 땅도 온통 진흙이어서 걸을 때마다 발이 푹푹 빠졌어.

시궁창 같은 숲을 겨우 통과하자 이번에는 가파른 산이 나왔어. 하지만 아무도 쉬자는 소리를 하지 않았어. 쉴 수도 없는 곳이었지만 우리를 기다리고 있을 화전민들을 생각하면 일분일초가 아까웠거든.

우리는 하룻밤을 꼬박 걸어 평평물에 도착했어.
"서랏!"
우리를 맞은 건 일본 경찰이었어.

"누구냐? 신분을 밝혀라."

참 지독한 놈들이구나, 생각했지.

"무슨 음모를 꾸미려고 온 것이냐?"

일본 경찰은 권총을 들이밀며 협박했어.

"이놈들!"

나는 버럭 소리를 질렀지.

"나는 변호사 김병로다. 화전민에 대한 경찰의 불법행위를 조사하러 왔다. 너희들 모두 고소할 테니 기다리거라!"

일본 경찰들은 움찔하더니 뒷걸음을 치면서 슬금슬금 도망갔어. 하지만 그대로 갈 놈들이 아니지. 밤 12시, 조사를 마치고 잠을 청하는데 다시 습격한 거야.

"화전민을 모아 놓고 무슨 이야기를 한 거냐?"

"비밀 기록 회의를 내놓아라."

나는 다시 버럭 소리를 질렀어.

"누가 누구의 기록을 보겠다는 말이냐? 너희들은 죄인이다. 재판받을 준비나 하고 가서 변호사나 알아보거라."

그들은 다시 꽁무니를 뺐어. 아무리 일본 경찰이라고 하더라도 법을 다루는 변호사를 함부로 하기는 어려웠거든.

평평물은 전해 들은 이야기보다 훨씬 더 참혹했어. 63채의 집이 불타버렸다는 말도 믿을 수 없었는데, 일본 경찰은 집만 없애버린 것이 아니었어. 곡식을 모아 놓은 곳간에도 불을 질렀고, 잘 자라고 있는 감자밭도 새까맣게 그을려 놓았던 거야. 아무것도 먹지 못하게 한 거지. 눈앞에서 살고 있던 집이 불에 활활 타는 모습을 본 사람들은 제대로 서 있지도 못하고 넋이 나가 모두 주저앉아 있었어.

일행과 함께 화재 피해가 덜한 곳을 골라 집을 잃은 사람들을 이주시키는 일부터 시작했어. 피해 가족의 수와 이름, 피해 상황 등을 조사했지. 그들은 절망에 짓눌려 눈도 제대로 뜨지 못했어.

돌아서려는데 옷이 잡아당겨지는 느낌이 들어서 보니 얼굴에 땟자국이 가득한 아이 하나가 내가 입고 있는 두루마기 귀퉁이를 꼭 쥐고 있었어. 3살도 안 되어 보이는 아이였지. 두 눈만큼은 크고 맑았는데 눈동자는 희망으로 가득했어. 나도 모르게 주먹에 힘이 들어갔단다.

평평물 사람들이 조선의 비옥한 땅을 떠나 이 척박한 곳으로 온 이유는 모두 자식들 때문이었거든. 일본 경찰에 뺏기지 않고, 자식들 입에 뭐 하나라도 더 넣어주고 싶었던 거야. 그들의 눈을 피해 아이들이 자유롭게 지내기를 바라는 마음이 컸던 거지. 부모의 사랑으로 자란 펑펑물 아이들은 눈동자만큼은 그토록 맑았던 거란다.

우리는 모든 조사를 마치고 혜산진으로 향했어. 길은 훨씬 더 험난했어. 폭우가 쏟아지기 시작했거든. 썩은 비가 온몸에 치덕치덕 들러붙어 살갗을 파고들었어.

무엇보다 곳곳에 일본 경찰들이 숨어 있었어. 사람들이 보는 곳에서는 꼼짝도 못 했지만, 보지 않는 곳에서는 변호사가 되었든 무엇이 되었든 얼마든지 죽일 수 있는 놈들이었지. 하지만 나는 죽어서는 안 되었어. 펑펑물 마을 사람들을 지켜야 했으니까 말이야.

마지막 산을 넘기 시작했을 때 절벽에서 암벽이 떨어지는 소리가 마치 폭탄이 터지는 소리처럼 울렸어. 일본 경찰의 습격은 용케 피했는데 암벽은 피하지 못하고 고꾸라졌지. 혜산진까지 오는 길은 그야말로 끔찍한 고통이었고, 또 기적이었지. 18일 밤 경성으로 돌아왔는데 꼬박 10일이 걸렸더군.

우리는 취재한 내용을 11차례 걸쳐 신문에 실었어. 그리고 일본이 우리나라를 지배하기 위해 만든 최고 기관인 조선총독부를 방문하여 3가지를 요구했지.

첫째, 피해 화전민에게 경작지를 마련해 줄 것.

둘째, 불에 탄 집과 양식을 물어줄 것.

셋째, 책임자를 처벌할 것.

조선총독부는 비난 여론에 밀려 첫 번째와 두 번째 요구를 들어주었어. 펑펑물에 남아 있는 화전민들을 내쫓지 않고, 집을 잃은 사람들에게는 살 곳도 마련해주었지.

하지만 책임자는 처벌하지 않았어. 일본인을 재판정 피고인석에 세우려는 내 계획은 실패하고 말았어. 반쪽의 성공이었단다.

나라를 잃지 않았다면 집을 잃을 일도 없었을 거야. 나는 두루마기를 고쳐 입었어. 조국이 독립될 그날까지 내 집도 그냥 거리일 뿐이야. 나는 호처럼 여전히 거리의 사람, 가인이었지.

6
분해서 견딜 수가 없었어요

일제강점기 동안 독립운동 관련하여 내가 변론한 재판이 500개가 넘어. 그중에 가장 많은 피고인을 만든 사건이 있었어. 무려 3만 명의 피고인이 공판*으로 넘어갔지. 변호인단을 만들었지만, 피고인이 너무 많아서 한 명 한 명 면회를 하는 것은 불가능했어. 우리는 한꺼번에 150명씩 면회했단다. 정말 대단했지.

피고인들은 대부분 조선의 청소년들이었어.

태어났는데 이미 나라를 잃은 후였으니, 그 마음이 오죽했

* **공판** 형사사건을 재판하는 일.

을까? 학교에 가면 일본인 교사한테 야만족이니, 더럽고 게으른 민족이니, 열등한 이등 국민이니 하는 소리를 들으며 걸핏하면 회초리를 맞았지. 거기다가 식민 사상을 주입받아. 일본이 우리나라를 식민 지배하는 이유는 주변 강대국들로부터 보호하고 미개한 조선인을 문명화시키려는 목적이니, 은혜에 감사하라는 게 바로 식민 사상이야.

이런 소리를 십 년도 넘게 매일 듣는다고 생각해 봐. 정신을 차릴 수 있을 것 같니? 하지만 우리 청소년들은 정신을 똑바로 차리고 있었지. 분노를 차곡차곡 쌓아 올리고 있었어. 시작은 바로 열차 안이었단다.

1929년 10월 30일 광주와 나주 사이의 통학 열차 안에서 일본인 남학생이 조선인 여학생을 괴롭힌 사건이 발생했어. 광주 여자고등보통학교에 다니는 조선인 여학생 둘을 광주 중학교에 다니는 일본 남학생 3명이 희롱한 사건이었어. 그것을 지켜보던 남학생이 이를 말렸고 일본 경찰이 그 남학생에게 폭행을 가했다, 전해 들은 이야기는 이 정도였지.

나는 그 남학생을 간신히 찾아냈어. 자세한 상황을 듣고 싶었거든.

"기옥이는 사촌 누나예요."

여학생 박기옥을 말하는 것이었어.

"누나가 서 있는데 앞에 앉아 있던 놈들이 댕기 머리를 막 잡아당기면서 희롱을 하더라고요. 조선 여자니까 함부로 대한 거예요."

박준채 학생은 운동부가 아닌가, 생각될 정도로 체격이 좋았어.

"열이 확 뻗치더라고요. 그만하라고 소리치면서 팔목을 잡았어요."

"그중에 한 명이 후쿠다라는 건 알고 있었니?"

내가 물었어. 후쿠다는 아버지가 유명한 일본 고위 관료였거든. 학생은 고개를 끄덕였어.

"어디 감히 조센징이, 그 말을 한 게 바로 후쿠다였어요."

그다음 상황은 알고 있었어. 일본 경찰이 뛰어오고, 상황은 묻지도 않은 채 박준채 학생의 뺨을 얼굴이 돌아가도록 서너 차례 때렸지.

"분해서 견딜 수가 없었어요."

학생은 씩, 웃었어. 그날의 일을 떠올리는 듯했지.

"다음 날, 똑같은 시간에 후쿠다 일행이 있는 열차 칸으로 들어갔어요. 나를 보더니 깜짝 놀라더라고요. 멱살을 잡고 일으킨 다음에 사과하라고 요구했어요. 사과를 안 해서 몇 대 때려줬어요."

나도 학생을 따라 같이 웃었단다.

참 대단한 학생이었어. 일본이 아무리 식민 사상을 주입했어도 조선의 청소년들은 이토록 당당하고 멋지게 성장하고 있었던 거야.

"재판 자신 있으시죠?"

학생이 말했어. 마치, 나는 내 할 일을 했으니 변호사인 너도 네 할 일을 잘해라, 이런 뜻인 것 같았지.

"자신 있어. 걱정하지 마."

나는 박준채 학생의 어깨를 툭, 치며 말했어.

박준채 학생이 후쿠다 일행을 때려줬다는 소문은 빠르게 퍼졌어. 다음 날, 광주 고등보통학교 남학생들과 광주 중학교 학생들이 열차가 다니는 선로를 가운데 두고 맞섰지. 학교 대 학교로 패싸움이 벌어졌던 거야.

그리고 문제의 11월 3일이 되었어. 일요일이었지만 일본은 학생들을 모두 학교에 등교시켰어. 바로 일본의 4대 명절 중

하나인 메이지절이었거든. 일본은 1912년 사망한 일왕 메이지의 생일을 휴일로 정하여 기념하고 있었어. 식민지인 것도 서러운데 일왕을 찬양하는 기념식에 참여하라니 기가 막힐 노릇이었지.

우리 학생들은 메이지 일왕에게 감사하는 신사참배를 거부하고 난투극을 벌여. 조선인 학생들과 일본인 학생들 사이에 대단한 패싸움이 벌어졌지.

그날을 시작으로 전국의 조선인 학생들이 수업을 거부하고 시위를 시작했어.

"일본 제국주의 타도!", "피압박 민족 해방 만세!"를 외치며 거리로 뛰쳐나왔단다. 마치 1919년에 있었던 3·1 운동을 보는 것 같았어.

재판을 준비하면서 정리해보니 일제에 반대하는 시위는 전국 각처에서 일어나 참여한 학교의 수만 194개요, 시위에 참가한 학생의 수가 5만 4,000여 명이나 되더구나. 시위에 참여하지 않은 사람이 있나 싶은 숫자였지.

항일 변호사들 20명이 집결했어. 식민지 조선의 부당한 현실과 우리 민족의 독립에 대한 열망을 알릴 목적으로 동아일보, 조선일보, 중외일보 등 언론인 30여 명도 함께 대기하고

있었지.

피고인의 숫자도 많았지만, 학교 관계자, 신문기자, 일반인 등 방청객도 많았어. 재판정은 그야말로 조선인들이 꽉 채우고 있어서 힘이 솟았단다.

나는 그렇게 씩씩하고 당당한 피고인들은 처음 보았어. 학생들의 눈빛은 이글이글 타고 있었어. 금방이라도 재판정을 뒤엎고 "대한 독립 만세"를 외칠 것 같은 분위기였지.

재판장은 일본인 학생은 피해자고, 조선인 학생은 가해자라는 심문으로 일관했어. 보안법*으로 학생들을 엮기 위한 재판장의 질문은 참으로 교묘했지. 하지만 학생들은 아주 현명했어.

노병주 학생의 문답은 아직도 기억에 또렷하게 남아.

재판장이 물었어.

"공산주의*에 공감하는가?"

그때 우리나라 독립운동가 중에는 공산주의자들이 많았어.

- **보안법** 1907년 집회와 결사·언론의 자유를 탄압하기 위해 일제가 대한제국 정부에 제정, 반포하게 한 법률.
- **공산주의** 모든 재산과 생산수단을 국가 소유로 하며, 계급의 차이를 없애는 것을 내세우는 정치 이념.

공산주의를 좋아해서가 아니라 항일 독립운동의 한 방향이었거든. 러시아의 공산당은 자신들의 영향력을 넓힐 생각으로 식민지들의 민족해방운동을 도와주고 있었어. 지리적으로 멀리 있는 미국이나 유럽보다 가까이에 있는 러시아의 도움을 받는 것이 더 낫다고도 생각했지.

하지만 저 질문에 걸려들어 "예"라고 대답을 하면 보안법 위반으로 구속이 되는 거야. 나는 마른침을 삼키며 노병주 학생을 보았단다.

학생은 허리를 쭉 펴더니 심드렁한 목소리로 대답했어.

"학교에서 안 가르친 일이라 모르겠소."

순간, 방청석에서 폭소가 터졌어. 재판장은 당황하여 재판봉을 내리쳤어. 재판장은 다시 물었어.

"총독정치에 반감이 있는가?"

학생은 대답했지.

"일찍 생각하여 본 일이 없소."

나는 그 말에도 탄복을 했어. "반감이 없다"라고 했다면 좀 비겁한 느낌이 들었을 거야. 생각해 본 일이 없다니, 정말 지혜롭지 뭔가.

오전 11시 20분에 개정되었던 재판은 오후 8시가 되어서

끝이 났어. 일본 재판정은 단 한 명에게도 무죄를 선고하지 않았지. 조선의 학생들을 모두 죄인으로 만들고 끝난 재판이었지만, 우리는 단 한 명도 지지 않았던 재판이었어.

　11월 3일이 '학생의 날'인 것은 바로 그날의 정신을 기리기 위한 거야. 정식 명칭은 '학생독립운동기념일'이지. 일본 경찰의 총과 칼에 맞섰던 학생들의 용기야말로 우리가 기억하고 기념해야 할 숭고한 정신이란다.

7
300만 명의 독립운동가

일제강점기 36년 동안 독립운동가들이 모두 몇 명이었는지 아니? 해방된 이후 독립운동한 것을 인정받은 사람은 1만 5천 명이었지만 실은 300만 명의 독립운동가들이 활동했어. 그런데 왜 고작 1만 5천 명만 독립운동가로 인정을 받은 걸까? 그 수많은 목숨들은 다 어디로 간 걸까?

당시에는 '즉결 처분'이라는 법이 있었단다. 그 법으로 정말 많은 사람이 일본 경찰에 의해 죽어갔어. '즉결 처분'이란 말 그대로 죄인을 잡으면 재판에 넘기지 않고 그 자리에서 죽여도 되었던 법이야. 일본 경찰들에게 죄인은 바로 독립운동가들이었던 거지.

당시에 독립운동가들이 양복을 입고 다녔던 이유가 바로

그것 때문이었어. 언제 죽을지 알 수 없는 거야. 죽는 그 순간 당당한 모습으로 남고 싶었던 거지. 큰일을 치르기 전에 사진을 찍었던 것도 같은 이유였단다. 마지막 내 모습을 남기는 거야.

'이렇게 나라를 지키기 위해 싸웠던 우리를 잊지 말아라. 너희들도 우리 뒤를 이어 독립운동을 하여라.'

나는 독립운동가들의 사진을 볼 때마다 늘 생각을 한단다.

1920년 중반부터 일본은 독립운동가들을 더욱 탄압하기 시작해. 해외에서 활동하고 있는 지도자들을 닥치는 대로 잡아들였지. 그들은 국내에서도 유명한 독립운동가들이 아무도 보지 못하는 곳에서 죽기를 바라지 않았어. 일본 경찰에게 처참한 몰골로 끌려와 끔찍한 고문을 당하며 죽어가는 모습을 보여주고 싶어 했지. 독립운동을 하면 어떻게 되는지 똑똑히 보여주어 희망의 싹을 자르고 두려움을 심어주려는 목적이었어. 물론 그들의 기대는 허무하게 무너졌단다.

상하이에서 붙잡힌 여운형* 선생이 국내로 들어온 것은

* 여운형 (1886-1947) 일제강점기 조선건국동맹을 조직하고, 조선건국준비위원회를 준비했던 독립운동가 및 정치가.

1929년이었어. 여운형은 동남아시아를 주 무대로 일본과 프랑스를 넘나들며 각 나라의 고위층과 접촉하며 조선의 실정을 알리고 압력을 넣는 일을 많이 했어. 만약 독립된 국가였다면 외교부 장관이 할 일이었지. 여운형의 죄목은 제령 제7호 위반 및 치안유지법 위반이었으니, 식민지 조선에서나 통할 죄목이었지.

여운형은 7월 29일 경성 지방법원 검사국으로 넘겨졌어.

나는 여운형을 본 순간 압도되고 말았지. 소문은 들어서 알고 있었지만, 생각보다도 키가 컸어. 덩치도 곰처럼 우람했는데 근육으로 다져진 몸이었어. 나 같은 사람은 손가락으로 들고 흔들 수도 있을 것 같았지. 그런 사람이 눈빛은 얼마나 따뜻했는지 몰라. 얼어붙은 사람의 마음을 녹이는 재주가 있는 눈빛이었어. 그 누구라도 여운형 선생과 눈빛을 주고받으며 이야기를 나눈다면 진실만을 말할 것 같았단다.

나는 여운형 선생이 국내로 들어오기 전에, 상해 일본영사관에서 어떤 심문을 받았는지 기록을 살펴보았어.

일본 형사 : 일본에서 누구와 연락했나?
여운형 : 아무하고도 안 했다.

일본 형사 : 말하지 않으면 고문을 하겠다.

여운형 : 고문은 네 자유이니 마음대로 하라.

거기까지 읽었을 때 그만 웃음이 났어. 선생이 형사를 가지고 노는 모습이 눈에 훤했거든. 경기도 경찰부로 옮겨진 여운형 선생은 끝까지 한 명의 동료도 말하지 않았어.

여운형 선생이 재판을 받은 날은 정말 대단했지. 위대한 지도자를 보기 위해서 법원에는 기다란 줄이 늘어섰어.

재판정에 들어선 여운형 선생은 고문으로 인해 야위어 있었지만 씩씩한 기운만큼은 하늘을 찔렀어. 검사들이 독립운동에 대한 입장을 물었을 때 선생은 이렇게 이야기했단다.

"일본은 조선 민족을 착취하는 정치를 하고 있는 것이니 조선 민족은 살기 위해서는 부득이 독립하지 않으면 안 될 것이다! 나는 앞으로도 합법적으로 민족해방운동에 힘을 쏟을 것이다!"

방청석에서 흐느끼는 소리가 들렸어. 민족의 지도자는 일본 경찰에 붙잡혔지만, 조국의 독립까지 붙들린 건 아니었어. 흐느낌은 감탄사로 바뀌었지.

대한민국임시정부 설립을 이끌어간 안창호* 선생은 1932

년 4월 윤봉길 의사의 상해 홍커우공원 폭탄 투척 사건으로 체포되었어. 선생의 주요 혐의도 제령 위반과 치안유지법 위반이었지.

여운형 선생이 변론을 거절했던 것처럼 안창호 선생도 그랬어.

"민족의 소원을 이루지 못하고 적에게 사로잡힌 몸이 무슨 변론을 받겠소. 면목이 없소."

하지만 2년 이상 징역형의 피고인인 경우 변호사가 없으면 공판을 진행할 수 없다는 법이 있어. 변호사를 구하지 못하면 법원이 강제로 변호사를 붙여주는데, 그것도 일본인이 하는 거지.

다행히 재판이 열리기 며칠 전 안창호 선생이 나한테 전보를 쳤어.

잠깐 상의할 것이 있으니 면회 오시오.

나는 당장 선생이 있는 서대문 형무소로 찾아갔어.

안창호 선생은 그사이 부쩍 여위어 있었어. 감옥에서는 좁쌀이 많이 섞인 밥을 주었는데 돌이 섞여 있기 일쑤였거든. 선생은 특히 위가 좋지 않아 늘 소화불량으로 괴로워했지. 내가 따로 음식을 넣어준다고 해도 극구 반대를 했어. 다른 사람들보다 더 나은 대접을 받을 수 없다고 하면서 말이야.

선생은 역시 변론은 받지 않겠다고 하면서 진행을 위한 최소한의 법정 변론만 부탁했어.

일본 재판정은 3년을 선고해. 선생은 항소•도 포기해. 항소를 하는 것조차 구차스러운 일로 생각했던 거야. 나로서는 무척이나 안타까운 일이었어. 감옥에서 돌아가시면 어쩌나 싶을 정도로 건강이 나빴거든.

선생을 옆에서 지켜보면 한 낱말이 떠올라. '고매하다', 높고 뛰어나다라는 뜻이야. 안창호 선생은 그런 분이었지. 3년을 언도받고 방청석을 돌아보며 따뜻한 미소로 목례를 하던 모습을 잊을 수가 없어.

문화통치 시기 일본 재판정은 위대한 지도자들을 볼 수 있는 장소였어. 그리고 조선 민족이 독립에 대한 희망의 끈을 놓지 않는 곳이기도 했단다.

• 안창호 (1878-1938) 일제강점기 애국 계몽 운동을 전개하고 독립운동에 평생을 바친 독립운동가, 교육자.
• 항소 판결에 불복하여 재심을 청구하는 법적 절차.

8
이념을 넘어선 항일 단체, 신간회

일제강점기 때 딱 한 번 우리가 당을 만든 일이 있었어. 1927년 2월 15일 만들어진 신간회였단다. 백두산 펑펑물에 사는 화전민들을 도울 수 있었던 것도, 광주에서 시작된 학생 항일운동이 전국적으로 퍼져나갈 수 있었던 것도 다 신간회 덕분이었어. 회원이 4만 명이나 되고 지부가 144개나 되었으니 대단한 조직이었지.

놀랍게도 일제강점기를 통틀어 가장 규모가 컸던 항일 단체였던 신간회는 합법적인 단체였단다. 일본이 숨어서 활동하던 독립운동가들을 겉으로 드러내려는 목적으로 합법화시킨 거라는 이야기도 떠돌았지. 대대적으로 한꺼번에 잡기 위해서 말이야.

과연 1929년 민중대회를 준비하고 있던 신간회 간부들은 12월 13일 아침 8시에 일본 경찰의 습격을 받아. 일본 경찰 수천 명이 느닷없이 들이닥치더니 곤봉으로 닥치는 대로 두들겨 패기 시작하는 거야. 살이 터지고 피가 솟구쳤어. 체포된 사람만 무려 100명이었단다. 우리는 짐짝처럼 줄줄이 묶여서 트럭에 던져졌어.

끌려간 곳은 경기도 경찰부였어. 혹독한 심문이었지만 각오를 하고 있었기 때문에 석방이 되었을 때는 좀 허탈하기까지 했지. 한겨울이었는데 우리 민족의 처지처럼 칼바람이 매섭게 몰아치고 있었단다.

나는 발이 안 떨어져서 자꾸 뒤를 돌아보았어. 혹시라도 동지들을 만날까 싶어서 말이야. 그러다가 보게 되었어. 70세 노인인 권동진* 선생이 쇠약한 몸을 가누지 못하고 덜덜 떨면서 간신히 형무소 차에 오르는 모습을 말이야. 억장이 무너지는 것 같았어. 그날 밤 한숨도 자지 못하고 밤새 흐느껴 울었단다.

• **권동진** (1861-1947) 일제강점기 민족 대표 33인으로 신간회 부회장 등을 역임. 독립운동가.

다음 날, 서대문 형무소로 달려갔어. 허헌*, 홍명희, 이관용, 조병옥, 김무삼, 이원혁이 구속되어 있는 곳이었지. 함께 항일 변호사로 활동했던 허헌이 조용히 말했어.

"우리끼리 입을 맞췄네."

나는 어이가 없었지.

"신간회를 살려주게. 살릴 수 있는 사람이 가인이니, 우리가 그렇게 한 걸세."

가인. 집 없는 사람이라는 내 호가 지금 상황과 너무나 어울렸어.

나는 기꺼이 신간회 마지막 회장이 되었단다. 진짜 집이 없는 사람이 되자고 생각하고 집을 팔았어. 너무 많은 동지들이 감옥에 있으니 약이며 음식이며 살 것이 많았거든. 감옥에 갇힌 이들이 대부분 한 집안의 가장이니, 그 가족들의 생활비도 대야 했지. 신간회를 지키기 위해서는 사무실 비용도 내야 했어. 나라를 잃었는데 집이고 돈이고 뭐가 필요하였겠나.

그리고 신간회를 지키기 위해 동분서주하는 시간이 흘러갔지. 하지만 1931년 5월 15일 신간회는 해체돼. 신간회가 크게

* 허헌 (1884-1951) 일제강점기 노동자, 빈민층을 위한 재판에 변호사로 활동한 변호사, 독립운동가, 정치가.

성장할 수 있었던 것은 이념을 넘어 함께했기 때문이야. 나는 늘 이념보다 더 중요한 것은 조국의 독립이라고 생각했기 때문에 신간회의 해체가 그 누구보다 가슴이 아팠단다.

신간회 해체 이후 조선총독부의 탄압은 더욱 거세어져. 일본은 사상 사건의 경우 조선인 변호사가 변론하지 못하도록 법을 바꾸기까지 해. 재판정에는 우리 기자들의 출입도 막아. 우리는 그 시기를 암흑시대라고 부른단다.

일본은 만주사변에 이어 중국과도 전쟁을 시작했어. 그러니 조선에 대한 식민정책을 더 강화할 수밖에 없었을 테지.

하지만 나는 그때 하나의 빛을 상상했어. 겉은 암흑이어도 그 안은 커다란 빛을 품고 있는 거야. 빛이 터져 암흑이 끝날지, 암흑이 먼저 무너져 빛이 터져 나올지 알 수 없지만, 악이 영원할 수 없다고 생각했단다.

9
조국이 해방하던 날

조국이 해방하던 날, 나는 창동 집의 골방에 있었어.

일제강점기가 길어지자 지식인 중에서도 친일을 하는 사람들이 많았던 때였어. 친일을 하지 않으려고 시골로 내려가 숨어 지내는 사람들도 생겨났지.

나도 15명이나 되는 가족들과 함께 창동으로 갔어. 조선총독부는 가만히 있지 않았지. 양주 경찰서에는 독립운동가들만 감시하는 고등계가 설치되고 창동 주재소에는 고등계 형사가 늘 머물렀어. 감히 조선 땅에서 누가 누구를 감시하고 벌을 준다는 건지 하루에도 몇 번이나 화가 치미는 날이었지.

내가 창동에 있다는 것이 알려지자 송진우, 정인보, 박명환, 홍명희 같은 민족 지사들도 창동으로 이사를 왔어. 유진태,

한용운, 안창호 선생도 보러 왔지. 민족 지사들은 나를 만나러 올 때는 꼭 한복을 입었어.

"여기가 죽을 자리는 아닌가 보오?"

내가 농담으로 말하면 그들은 감시하는 일본 경찰이 들으라는 듯이 말했지.

"여기가 조선 땅이라는 것을 가르쳐주기 위해서 한복을 입었소."

밤에는 마을 사람들이 방문을 두드렸어. 징용, 징병으로 끌려간 남편과 아들, 정신대로 끌려간 딸들을 걱정하는 이야기는 이내 울음으로 변했지.

이곳에 와서 친구가 된 기섭은 조선말이 하고 싶어서 놀러 오곤 했어. 일본은 1936년 민족말살정책*을 펴면서 일본식 이름으로 바꾸고 조선말을 못 쓰게 했거든. 기섭은 일본식 이름으로 바꾸지 않아 징용에 끌려가게 되자 서둘러 '쇼와 보타로'라고 신고했어. 당연히 받아들여지지 않았지. 쇼와 보타로란 '쇼와 일왕을 멸망시킬 남자'라는 뜻이거든. 결국에는 이

• 민족말살정책 1930년대 일제가 한국인의 민족의식을 강제로 없애버리고자 한 정책.

름 끝에 야(也)자만 붙여서 임기섭야라고 적어 냈지.

"어제는 순사가 와서 쌀 한 톨까지 다 쓸어가더니 오늘은 제사 지내는 놋그릇하고 수저까지 뺏어 갔소."

기섭은 가뜩이나 주름 많은 얼굴을 잔뜩 찡그렸어.

"그러니 망할 날이 얼마 안 남았다는 거요."

나는 은근하게 일렀지.

"언제, 언제 망하오?"

나는 기섭에게 카이로 선언에 관해 이야기했어. 1943년 미국, 영국, 중국이 만나 한국의 독립을 선언한 것이 바로 카이로 선언이야.

"외국 사람이 우리나라를 독립시키겠다고 말하면 독립이 된답디까?"

기섭은 나를 한심하다는 듯이 바라보았어. 기섭의 그 말은 마치 예언과도 같았지.

일본이 패망한 그해 1945년, 일본 경찰이 조선의 민족 지도자 70명을 한꺼번에 죽여 버리려고 한다는 정보가 돌았어. 그 명단에는 내 이름도 있어서 서둘러 경기도 가평군 조종안이라는 시골 마을로 몸을 숨겼어. 8월 11일 일본의 항복이 다가 왔다는 소식을 전해 듣고 다시 창동으로 왔지. 하지만 안심할 수가 없어서 골방에 들어가 문을 걸어 잠갔어.

일제강점기 36년이야. 해방된 조국을 보지 못하고 일본 경찰에 의해 죽임을 당한다면 그것보다 더 서러운 일이 어디에 있겠니? 골방에서 있었던 4일이 마치 4년은 된 듯 흘러갔어. 손자가 방직공장에서 라디오를 들고 와서 증거랍시고 내밀었지. 라디오에서는 히로히토 일왕의 목소리가 흘러나오고 있었어.

허나 짐은 시운이 향하는 바 견디기 어려운 것을 견디고 참기 어려운 것을 참아…… 너희 신민은 이러한 짐의 뜻을 능히 지킬지라.

일왕은 간단하게 한마디만 하면 될 것을 어려운 말을 써가며 길게 떠들고 있었어.

손자가 잔뜩 기대하며 내 입을 보았어.

"일본이 전쟁에서 졌어. 무조건 항복이라고 말하는 거야."

"무조건 항복?"

그 말을 하는 손자의 얼굴이 환하게 빛났지.

"대한 독립 만세!"

그 소리에 서둘러 골방에서 나와 밖으로 나갔어. 마을 사람들이 집안으로 밀려들고 있었지. 평소라면 일본 경찰의 눈을 피해 밤에만 몰래 왔던 사람들이야. 손에는 태극기가 들려 있었어.

"어르신! 진짜 해방이 되었어요!"

"독립 만세요!"

"대한 독립 만세!"

모두 눈물 콧물 흘리며 덩실덩실 춤을 추었어.

독립운동가들을 변론하며 독립운동을 했던 세월이 35년이야. 내 나이 벌써 57세가 되어 있었지.

일본 재판정에 설 때마다 꼭 한 번은 외치고 싶었던 말이야. 일본 재판장과 검사를 향해, 그리고 독립운동을 한 죄로 피고인석에 서야 했던 독립운동가들에게 말이지. 이제야 비로소 목청껏 외치는 거야.

"대한 독립 만세!"

"대한 독립 만세!"

조선의 거리에는 조선말이 울려 퍼졌어. 일본말은 어디에서도 들을 수가 없었지. 일본이 망했다는 게 비로소 실감이

났단다.

여운형 선생은 조선의 독립을 미리 알고 있어서 1944년 조선건국동맹을 만들었어. 일제가 패망하자마자 건국준비위원회를 세웠지. 나도 여운형 선생과 함께 건국준비위원회에 참여해. 여운형 선생은 민족주의자와 사회주의자들 모두에게 손을 내밀었으니, 신간회가 떠올랐지. 개인의 생각을 뛰어넘어 모두 하나 되는 것이야말로 내가 가장 바라는 우리 민족이 나가야 할 방향이었어.

건국준비위원회는 1945년 9월 6일 조선인민공화국을 선포해. 하지만 해방이 바로 독립으로 이어지진 않았단다.

바로 3일 뒤인 9월 9일 미국의 맥아더 장군은 이런 내용을 발표해.

조선 인민에게 고함
일본국 정부의 항복문서 내용에 의해
나의 지휘하에 있는 군대는
금일 북위 38도 이남의 조선 영토를 점령한다.

미국은 우리를 해방하려고 들어온 것이 아니라 점령하려고 들어온 거였단다. 그들은 북위 38도 이남의 조선 영토를 소련에 뺏기고 싶지 않았던 거야.

자신을 도울 조선인이 필요했던 미국은 친일파들과 손을 잡아. 조국이 해방된 것이 가장 두려운 친일파들은 그렇게 친미파가 되어 자신들의 목숨을 부지했단다.

기섭의 말 그대로였지.

조국은 해방이 되었는데 나는 가인이라는 호를 버리지 못했어. 여전히 집이 없는 사람이었단다.

10
대한민국 첫 사법부장

나라의 운명은 나를 계속 놓아주지 않고 있었어. 일제강점기 36년을 보내고 나니 내 운명이 꼭 나라의 운명처럼 느껴지기도 했지.

어느 날 미군정 사법부장인 우돌이 찾아왔어. 하급법원 법관을 임명하려는데 알맞은 사람을 추천해달라는 거였어.

"인사 문제를 논의하는 것은 부당한 일이오."

나는 단번에 거절을 했지. 누구한테든 권력을 행사하고 싶지 않았거든. 한편으로는 미군정에 협조하고 싶지 않은 마음도 있었던 거지.

며칠 후 우돌 소령이 다시 찾아왔어.

"우리는 한국 실정을 알 수 없어요. 당신네들이 협력해 주지 않으면 어떻게 일을 합니까?"

우돌 소령은 내 마음을 움직일 한 마디를 덧붙였어.

"우리는 한국 독립 정부의 기초를 준비하고 있어요. 함께 노력해야 하지 않겠어요?"

그리고 해방된 조국은 점점 더 혼란스러워지고 있었어. 조선인 재판소가 이미 있는데 미군정은 각 도마다 재판소를 설치했지. '변호사 자격 부여 지령'이라는 것을 만들어 자격이 없는 미국인들에게 조선인 변호사 자격을 부여했어. 재판소가 늘어난 데다가 일본인 법관들을 물리치니 사람이 부족하다는 것이 이유였지. 일제강점기 법도 그대로 유지되었어.

나는 마음을 고쳐먹고, 1946년 6월 27일 사법부장으로 취임을 한단다. 해방된 조국의 첫 사법부장이야. 오늘날 법무부 장관이라고 보면 돼. 미군정이 자치권을 넘겨주는 과정에서 처음으로 맡긴 영역이 바로 이 사법행정이니 더욱 특별한 의미가 있단다.

당시에 가장 혼란스러웠던 문제 중 하나는 일본인들이 남기고 간 재산이었어. 나라가 패망하자 그들은 집이며 땅이며 모두 버리고 도망을 갔거든. 일본인들이 버리고 간 토지는 국고로 거두어들였어. 그런데 권력을 가지고 있는 사람들이 이 토지를 자기 것으로 가로채는 일들이 많았어.

또 하나의 문제는 일제강점기 동안 일본이 토지조사사업을 한다면서 조선인들의 땅을 빼앗은 일이었어. 토지를 조사한다면서 신고하라고 했지만, 실제 목적은 땅을 뺏으려는 거였지. 신고 절차를 어렵게 만들고 신고 기간은 짧게 해서 신고가 안 되었다고 땅을 빼앗는 수법을 쓴 거야. 그러니 토지조사사업으로 인해 빼앗은 땅은 다시 원래 주인에게 돌려주는 게 맞지 않겠니?

내가 한민당에서 탈당을 한 이유도 '토지개혁'에 대한 입장이 달랐기 때문이었어.

암태도 600명 농민의 얼굴이 어른거렸지. 조국이 해방되면 토지를 돌려받는 것으로 생각하며 잔뜩 기대하고 있을 그 마음을 저버릴 수가 없었단다.

나는 정부가 지주로부터 땅을 사서 소작인들에게 무료로 나눠줘야 한다고 주장했어. 그런데 한민당은 암태도의 땅이 지주 문재철의 것이라고 주장하고 있으니 더 이상 같은 길을 갈 수 없었지. 일제강점기 동안 땅을 지킬 수 있는 사람은 친일파 말고는 없으니, 이승만을 중심으로 한 한민당은 스스로 친일파라고 선언하는 셈이었어.

사법부는 법을 판단하고 적용하는 기관이야. 나라가 혼란스러울수록 사법부는 더욱 청렴해야 하는 곳이지. 사법부에서 일하는 사람들은 헛된 욕심이 있으면 안 돼. 누군가로부터 돈을 받으면 후에 반드시 대가를 치르게 되어 있거든. 원하는 것을 들어주어야 하고, 또 감시해도 아무 소리도 못 하는 거야. 청렴결백, 그건 사법부의 독립을 위해서 특히 중요한 일이었어. 당장 나부터 실천해야 할 일이었지.

당시 나는 한복만을 고집했어. 사법부장이 되고 나서도 10년 동안 양복을 한 번도 입지 못했지. 당시 양복 한 벌은 내 한 달 월급을 주어야 살 수 있었거든. 아주 비쌌어. 양복만 사면 뭘 하나. 양복에 맞추어 셔츠도 사야 하고 넥타이도 사야 하고 구두도 사야 하니 그만두어 버린 거지.

한번은 조병옥 경무부장이 관사로 찾아와서 속이 상한 얼굴로 말해.

"사법부장의 관사가 이리 누추해서야 어떻게 해방 조선의 사법의 대표로 체면을 세울 수 있겠는가?"

조병옥의 마음을 잘 알지만 나도 단호하게 말했어.

"우리가 서울에 언제 집 한 칸이나 있었나. 이런 분수에 넘치는 큰 집에 살면서 누추하다고 말하는 건 어찌 된 일인가?"

총독부 관리가 살던 곳을 관사로 쓰고 있다는 비난도 있었어. 나는 이렇게 대답했지.

"왜놈들이 탄압하던 그 자리에서 지금 나라를 세우는 일을 하고 있지 않은가."

집이 중요한 게 아니었어. 옷이 중요한 것도 아니었지.

관사는 겨울에 특히 추웠지만, 영하 5도 아래로 내려갈 때만 난방을 하도록 지시했어. 나라가 가난한데 나랏돈을 먹는 관리가 부유하다는 건 조리에 맞지 않다고 생각했지.

미군이 동치하는, 미군정기는 3년간 지속이 돼.

무엇보다 그때 가장 중요한 일은 법을 만드는 것이었어. 36년 일제강점기 동안 파괴되었던 조선의 민족정기를 되살려 대한민국을 일으켜 세울 헌법을 만들어야 했단다.

11
전 세계 모든 나라의 헌법을 가져다주시오

일본에 나라를 빼앗긴 36년 동안 우리는 너무나 불공평하고 자유를 억누르는 법의 지배를 받았어. 조국은 해방되었는데 법은 그대로니, 이루 말할 수 없이 괴로웠단다.

북한의 경우 과거와 관계를 끊겠다고 선언하면서, 일제강점기 동안 사용하던 법을 모두 없앴다는 소식이 들려와서 더욱 초조해졌지. 하지만 정신을 차려야 했어. 법이라는 것이 그렇게 쉽게 만들어질 수 있는 게 아니거든. 한번 만들 때 제대로 만드는 것이 무엇보다 중요해. 국민들의 삶에 현실적으로 도움을 줄 수 있도록 말이야.

우리는 1946년 '헌법·선거법 수정위원회'를 거쳐 1947년

6월 30일 '법전기초위원회'를 만든단다. 사법부장인 김용무와 검찰총장인 이인과 함께했으니, 사법·법무·검찰 책임자들이 위원이 된 것이지. 법을 만드는 데 있어서 가장 중요하게 생각한 건 이 두 가지야.

첫째, 조선의 관습법과 전통에 특히 유의한다.

둘째, 민주주의적 원리와 건전하고 현대적인 경향이 있도록 작성한다.

우리 것을 잘 살리고 계승해야 미래도 있는 법이야. 일본은 조선의 미래를 지우기 위해 정체성을 말살하는 정책을 써 왔어. 36년 그 긴 시간 동안 우리의 좋은 관습과 훌륭한 전통들은 흔적을 찾기가 어려워졌지.

민주주의 원리를 논의할 때 나는 조소앙* 선생의 삼균주의를 생각했단다. 1918년 39명의 해외 독립운동가들이 선포한 '대한독립선언서'를 작성한 사람이 바로 조소앙 선생이야. 삼균주의란 정치, 경제, 교육의 평등을 말해.

선생은 목소리가 아주 낭랑해서 한번 들은 사람은 잊기 힘

• **조소앙** (1887-1958) 일제강점기 독립운동가, 정치 사상가.

들 정도야. 선생은 1946년 제27회 3·1절 기념식에서 삼균주의에 대해 이해하기 쉽게 연설을 했단다.

**"아이마다 대학을 졸업하게 하오리다.
어른마다 투표하여 정치성 권리를 갖게 하오리다.
사람마다 우유 한 병씩 먹고
집 한 채씩 가지고 살게 하오리다."**

우리는 멀리 돌아가기로 했어. 미군정 사법부장을 찾아가 요구했지.
"다른 나라의 헌법을 구해주시오."
"미국, 영국, 소련, 독일 정도면 되겠습니까?"
나는 손을 내저었어.
"전 세계 모든 나라의 헌법을 가져다주시오."
사법부장은 깜짝 놀라며 고개를 절레절레 저었어.
"될 수 있는 한 많이 가져다주시오. 시간은 얼마나 걸리든 상관없소."
그렇게 해서 사법부장이 8개월에 걸쳐 구해 준 헌법이 무려 77개였어. 출근할 때마다 새로운 헌법이 차곡차곡 쌓여갔지.

헌법을 읽다 보니 많은 나라에서 공통으로 정하고 있는 법들이 있었어. 주로 인권과 관련된 것들이었지. 각 나라의 특색에 맞게 다르게 정하고 있는 법들은 비교하며 읽었단다.

책을 읽으며 새로운 것을 알아가는 것은 큰 즐거움이기도 해서 나는 잠을 줄여가며 헌법을 읽었어. 읽으면서 느낀 것은, 잘 사는 나라의 법이라고 해서 다 좋은 건 아니라는 것이었어. 만약 다른 나라의 법을 들여온다면 우리나라에 맞게 바꾸는 일이 중요하다는 것을 느꼈지.

나랏일을 하는 한편 헌법을 만드느라 정말 눈코 뜰 새 없이 바쁜 날들이었어. 그래도 대한민국의 헌법을 만든다는 사명감에 감히 힘든 줄도 몰랐단다.

미군정 시기 가장 공을 들였던 법 조항은 군정법령 제176호야. 제176호는 피의자에 대한 권리를 정한 부분이야. 피의자는 범죄를 저질렀다는 의심을 받는 사람으로 아직은 죄인이 아니야. 하지만 일본 경찰들은 아주 작은 의심만으로도 범죄자 취급했어. 피의자가 무죄일지도 모른다는 건 생각조차 안 했지.

재판을 받아 범죄가 드러나기 전까지 피의자는 아직 죄인이 아니야. 그러니 더욱 인간 된 권리를 보장받아야 하는 거야. 우리는 일제강점기 때 없었던 제도들을 도입했단다. 중요한 것만 정리하면 아래와 같아.

첫째, 죄를 지었다고 의심받아 구속된 피의자는 변호사로부터 보호를 받아야 한다.

둘째, 구속된 피의자를 오랫동안 감금할 수 없다.

셋째, 피의자는 법원이 정한 돈을 내면 도망가지 않을 것을 약속하고 풀려날 수 있다.

넷째, 압수수색을 할 때는 법관으로부터 반드시 허가를 받아야 한다.

위와 같은 제도가 법으로 마련된다면 인간의 권리가 보장되는 거야. 제176호는 민주주의를 발전시킬 법이 될 게 분명했어.

하지만 어려움이 있었어. 한민당 의원들이 반대를 한 거야.

"겉으로만 좋아 보이지, 오늘날 한국의 현실에는 부적당한 법이요."

"우리나라는 분단이 되어 있소. 북한이 언제 쳐들어올지 모르는 이러한 때 민주주의 타령이나 하고 있다는 게 말이 됩니까?"

"법관의 허가를 받는 동안 범죄자가 도망가면 누구 책임이오?"

시간이 지날수록 의원들의 반발은 더 거세어졌어.

"이 법을 만든 사람들은 경찰에 대해서 편견 내지 모욕감을 가지고 있는 것 같소."

"이 법이 통과되면 경찰이 자유롭게 활동하지 못하니, 공산당원들이 불을 지르고 살인을 저질러도 아무것도 할 수 없습니다!"

한민당 인사 중에는 친일파가 많았어. 또 일제강점기에 독립운동가들을 잡아다가 고문하던 경찰들이 그대로 자리를 지켰으니 경찰의 권력이 줄어드는 것을 그토록 격렬하게 반대했던 거지.

하지만 당시는 미군정기라, 의원들의 주장은 크게 중요하지 않았어. 무엇보다 우리는 사법부, 대검찰청과도 이미 긴밀하게 의논한 후였지.

한민당 의원들의 반대에도 불구하고 제176호는 법으로 정해진단다. 비로소 일본에 나라를 빼앗겼을 때 경찰이 제한 없이 자유롭게 수사할 수 있는 권한이었던 악법 중의 악법, 조선형사령을 폐지할 수 있었어.

  제176호는 커다란 수정 없이 현재까지 이어져 오고 있는 민주적인 법 조항이니, 법이란 그렇게 우리 삶을 이끌어주는 역할도 하는 것이란다.

12
첫 대법원장

 나라의 운명은 다시 위태로워졌단다. 미국과 소련이 냉전 체제에 돌입하면서, 1946년 미국의 지지를 받고 있던 이승만이 남한만이라도 정부를 세워야 한다는 선언을 한 거야. 남한에 정부가 세워지면 북한이 가만히 있을 리 없어. 북한도 정부를 세우겠지. 분단의 씨앗이 뿌려지고 있었단다.

 상황은 빠르게 돌아갔어. 민족 지도자들도 가만히 있지는 않았어. 국민의 열망을 담아 김구˚ 선생과 김규식˚ 선생이 북한에 가서 지도자들을 만나 통일 정부를 세우자며 호소했지.

 김구 선생은 1948년 2월 10일 3천만 동포에게 조국 통일에 앞장서달라고 간곡하게 말했어.

 "나는 통일된 조국을 건설하려다가 38선을 베고 쓰러질지

언정 내 한 몸 편하자고 단독정부를 세우는 데는 협력하지 아니하겠습니다!"

하지만 얼마 지나지 않은 8월 15일, 남한은 단독으로 정부를 세워. 그때는 의원이 대통령을 뽑았으니, 한민당 내 지지 세력이 많았던 이승만이 초대 대통령이 되었어. 모든 것이 이승만의 계획이었지.

대법원장 임명권은 대통령에게 있지만, 국무회의 의결을 먼저 거치도록 헌법에 정해져 있어. 이승만 대통령은 나를 대법원장으로 임명하지 않으려고 꽤 애를 썼지만, 뜻대로 되지 않았어. 일제강점기에 항일 변호사를 했던 이인* 초대 법무부 장관과 국무위원들이 나를 대법원장으로 세우기 위해 애를 많이 썼단다.

"김병로만 한 대법원장감은 없는 줄로 압니다. 김병로를 안 쓰시겠다면 저도 법무부 장관 그만두겠습니다."

- 김구 (1876-1949) 일제강점기 독립운동가. 임시정부에서 활동했고, 애국 계몽 운동을 전개했다.
- 김규식 (1881-1950) 일제강점기 독립운동가. 임시정부 초대 외무 총장·부주석을 역임했다.
- 이인 (1896-1979) 일제강점기 항일 변호사. 해방 후 초대 법무부 장관을 지냈다.

이인의 말에 이승만은 크게 화를 내었다고 해.

이승만은 서광설이 대법원장이 되길 바랐어. 국무회의에서 추천을 하지. 이번에는 다른 국무의원들이 크게 화를 냈어. 서광설은 일제강점기 때 판사를 했던 사람이거든. 독립운동가들을 감옥에 가두는 일을 했던 사람이 해방된 조국에서 대법원장이 된다는 건 도저히 받아들일 수 없었던 거야.

국회의원들은 나를 대법원장으로 하는 안을 투표했어. 재적 의원 157인, 가 117표, 부 31표, 무효 6표, 기권 3표로 국회의 승인을 얻었단다.

나는 고민이 많았어. 막중한 책임감도 느끼고 있었지. 해방된 조국의 모습은 내가 생각했던 것과 매우 달랐거든. 조국이 해방만 되면 당연히 항일운동에 앞장섰던 지도자들이 대한민국의 지도층이 될 거로 생각했어. 친일파는 물론이고, 친일 의혹을 조금이라도 받는 사람들은 모두 벌을 받게 될 줄 알았어. 그런데 이승만의 한민당에는 친일파들이 점점 더 많아지기 시작했어. 그뿐 아니라 힘도 더 세졌지.

조소앙 선생은 분노했어.

"해방된 조국에 친일파가 득실대다니!"

"독립운동을 20년 한 사람만 나라를 다스릴 자격이 있다!"

선생의 그 당연한 소리에 국회의원이라는 사람들은 혀를 차며 고개를 절레절레 저었어. 못 말리겠다는 표정을 하고 말이야.

그래, 20년은 아니어도 좋아. 10년도 괜찮아. 아니 일본 경찰이 무서워서 독립운동을 못했다면 그것도 이해할 수 있어. 하지만 친일을 한 사람이 어떻게 국민들 앞에 나설 수 있을까? 속이 얼마나 시꺼멓기에 대한민국을 위해 일을 할 테니 자신에게 권력을 달라고 주장할 수 있을까?

3·1 운동과 전국적으로 퍼졌던 광주학생항일운동을 생각해 봐. 우리나라는 스스로 힘으로 충분히 독립을 할 수 있는 국가였어. 하지만 미국, 소련 같은 강대국들의 간섭에 의해 독립이 되었지.

미국의 지지를 등에 업은 이승만과 한민당은 이제 사법부를 마음대로 주무를 게 뻔했어. 법도 마음대로 바꿀 테지. 일본 경찰이 그랬던 것처럼 자신에게 반대하는 사람들을 막 잡아다가 감옥에 가두는 일쯤 아무렇지도 않게 저지를 것이 불 보듯 뻔했단다.

1948년 8월 16일. 정부수립 다음 날 대법원장 취임식에서 나는 법관들에게 당부했어.

"사법부에서 일하는 사람들은 제일 첫째로 그 누구에게도 의심받는 일을 해서는 안 됩니다. 자기 수양을 열심히 해서 최고의 전문가가 되어야 해요. 국민의 기대에 맞도록 용감하게 나갈 것을 맹세할 수 있어야 합니다."

그리고 이승만과 국회의원들을 향해서 이렇게 말했지.

"우리는 헌법에 삼권분립 원칙을 뚜렷이 내세웠습니다. 사법부는 확실한 독립성을 가져야 하겠습니다. 만일에 간접으로나 직접으로나 간섭이나 어떤 영향을 받는다면 법관은 일을 제대로 할 수 없습니다. 사법기관이 그 능력을 발휘할 수 있도록 독립성을 지켜주기 바랍니다."

말을 마치자마자 커다란 박수 소리가 국회에 가득 찼어.

사법부는 국민의 생명·신체·재산·명예를 보호하고 헌법상의 권리와 의무를 지켜내고 존중하는 곳이야. 나는 그 박수를 국민들의 뜻을 잘 받들라는 의미로 받아들였단다.

13
대통령은 내가 눈엣가시였을 거야

대법원장이 되자마자 나는 중요한 책임을 맡아. 드디어 반민특위가 꾸려졌거든. 반민특위는 1948년 9월에 우리 민족에 해를 끼친 사람들을 처벌하자는 법을 실제로 집행하기 위해 설치한 특별위원회를 말한단다.

해방된 조국에서 우리 민족의 가장 큰 소원이었던 친일파를 처벌하는 법은 이미 1947년에 만들었지만, 미군정의 방해로 실행되지 못했어.

"그런 건 정부가 세워진 뒤 한국인의 손으로 직접 하시오."

미군정은 우리 민족의 간절한 소망 따위 관심이 없었지.

정부가 세워졌으니 이제 헌법 제101조에 따라 '1945년 8월 15일 이전의 악질적인 반민족 행위자를 처벌'하는 일만 남

앉아.

 법으로 제정한 일이니, 이승만 대통령도 반대할 수 없었지. 조국이 해방된 지 무려 4년 만에 비로소 반민족행위 특별조사위원회가 세워진 거야. 나는 재판관 3인, 부장 재판관 3인을 꾸려 반민특위 특별 재판부의 재판부장을 맡았어. 반민족행위자를 찾아내는 일은 20명의 건장한 청년들로 구성된 '반민특위 특경대'에서 했단다.

 반민특위가 꾸려졌다는 소식에 온 국민이 기쁨에 넘쳤어. 이제야 나라가 바로 세워지는구나, 다시 한번 희망을 품은 거지. 당시 목포에서만 친일파를 고발하는 진정서가 6,000통에 이를 정도로 국민적 관심이 어마어마하게 컸단다.

 반민특위 첫 번째 재판은 1949년 1월 8일 열렸어. 반민특위 체포 1호는 박흥식이었지. 그는 체포영장이 내려지자마자 숨어버렸는데 결국 집에서 체포돼. 일제강점기에 화신백화점 사장, 조선비행기주식회사 사장 같은 것을 하며 일본에 돈을 대주던 사람이 바로 박흥식이었어.

 "나는 그저 사업가일 뿐입니다. 친일, 그런 것은 모르는 일이요."

그는 재판 내내 뻔뻔한 얼굴로 단 한 번도 친일을 한 적이 없다고 주장했어.

고문 기술자였던 김태석은 더 심했지.

검사가 물었어.

"독립운동가들을 잡아다가 끔찍하게 고문한 사실을 인정합니까?"

"나는 나라를 위해 그리한 것입니다."

친일파가 벌을 받는 모습을 보러 온 방청객들은 기가 막혔어. 김태석이 얼마나 잔인하게 독립운동가들을 고문하고 죽였는지 잘 알고 있었거든.

"그게 무슨 궤변이오?"

검사는 어처구니가 없었는지 목소리가 커졌지.

"일본 경찰들은 심하게 고문을 했고, 나는 덜 아프게 고문을 했으니 다 독립운동가들을 위한 것이었소."

김태석의 그 말에 방청석에서는 너무나 원통하여 탄식을 하는 소리들이 쏟아졌어.

한번은 방청석이 울음바다가 된 일도 있었단다.

최린*이 잡힌 거야. 일본 이름 가야마 린. 그는 민족 대표

33인으로 독립선언서에 서명까지 한 인물이었어. 소설가 이광수*와 함께 재판정에 나란히 서니 한때는 독립운동가로 존경받는 민족 지도자였다는 사실이 더욱 가슴 아프게 여겨졌단다.

"민족 대표 한 사람으로 잠시나마 민족 독립에 몸담았던 내가 반민족 행위를 재판받는 자체가 부끄러운 일입니다."

최린은 몹시 괴로워하며 말했어. 하지만 이광수는 달랐지.

"나는 아무런 죄가 없습니다. 나는 진심으로 우리 민족을 위해 친일을 한 것이에요."

그때 최린이 호통을 쳤어.

"그 입 닥치라!"

이광수가 움찔, 하는 게 보였지.

최린은 이렇게 최후 변론을 했어.

"여기서 시간 낭비하지 마시고, 나 최린을 광화문 네거리로 끌고 가시오. 황소 네 마리를 내 팔, 다리에 묶어 사지를 갈가리 찢어버려 민족에게 본때를 보여주시오. 나는 기꺼이 제물

- **최린** (1878-1958) 3·1운동에 참가했으나 이후 변절해 1945년까지 친일을 했다. 6·25 전쟁 중에 납북되었다.
- **이광수** (1892-1950) 일제강점기 소설가, 언론인. 친일 반민족 행위자.

이 되겠습니다."

재판정은 숨 막힐 듯 조용하더니 누군가의 탄식을 시작으로 울음소리가 번져갔어. 울음소리는 이내 오열로 바뀌었으니 재판정에 꽉 들어찬 사람 중에 눈물을 보이지 않는 사람이 없었단다. 최린도 소리 죽여 뜨거운 눈물을 삼켰지.

이승만 대통령은 가만히 있지 않았어. 1948년 9월 23일 '반민특위법 공포 담화'를 시작으로 '친일 의심이 있는 경우도 가혹한 것보다는 후한 편으로' 처벌해야 한다고 주장하더니 1949년 2월 21일에 이르러서는 '반민특위 비판 담화'를 통해 반민특위에 대해 부정적인 입장을 밝혀.

그러더니 경찰을 동원해 반민특위 특경대를 습격하고, 간첩 사건을 만들어서 반민특위에서 활동하고 있던 국회의원 5명을 감옥에 가두지. 반민특위 활동가들을 몰래 죽이려고도 했어. 백민태의 자수로 이루어지지 못한 일이었지. 죽이려는 대상에는 나도 있었으니, 그런 일을 지시할 수 있는 사람은 단 한 명, 바로 이승만 대통령이었어.

나는 경찰의 행동에 대해 항의했어. 특히 이승만 대통령이 경찰들을 움직여 특경대를 습격한 일은 삼권분립에도 어긋

난 일이야.

"이것은 대통령이 해서는 안 되는 일이니, 불법이요!"

"사법기관으로서 법에 비추어 판단을 내릴 것이니 그리 아시오!"

이승만 대통령은 꿈쩍도 안 하더니, 결국 8월 31일 반민특위를 해체해버렸단다.

일제강점기 때 독립운동 사건만 취급하는 고등계에서 '고문 귀신'이라는 별명으로 불리던 잔인한 조선인 고문 기술자가 있었어. 바로 노덕술이야. 아무리 체격이 좋고 건강한 사람이라도 노덕술한테 걸리면 초주검이 되었어. 노덕술은 독립운동가 3명을 고문으로 죽이기도 하였단다.

특경대가 노덕술을 체포했을 때 국민들은 하늘이 있다고 생각했어. 죄지은 자는 그렇게 반드시 벌을 받는다고 생각했지. 하지만 결국 노덕술도 풀려나.

이승만 대통령은 법무부 검찰과장이었던 선우종원에게 말하지.

"노덕술은 공산당을 잡는 기술자요. 노덕술을 체포하려는 것은 공산당의 짓입니다."

노덕술이 공산당을 잡는 기술자라면 그 공산당이라는 게 독립운동가가 되니 말도 안 되는 소리였어. 노덕술은 이승만 정부에서 국회의원 자리에까지 오르는 등 승승장구했단다.

반민특위는 343일간 그야말로 목숨에 위협을 느끼며 활동했어. 취급 건수는 682건이었는데 실제 벌이 내려진 건 12건밖에 되지 않아. 그나마 1950년 3월, 형집행정지로 모두 풀려났단다. 단 한 명도 벌을 받지 않았던 거야.

조국은 해방이 되었는데, 대한민국이라는 이름은 그저 이름일 뿐이었어. 원통하고 애통했어. 한때는 독립운동가였던 이 나라의 대통령이 지금은 친일파를 감싸는 데 앞장선다는 게 믿어지지 않았지.

반민특위 활동으로 인해 이승만 대통령과 나는 더욱 대립하는 사이가 돼. 일이 있을 때마다 조목조목 따지면서 잘못을 지적하니 대통령은 내가 눈엣가시였을 거야.

14
영영 이별이 될 줄은
꿈에도 생각을 못 했어

 몸이 쉽게 피로해지는 날들이 이어졌어. 느닷없이 온몸이 불덩어리처럼 뜨거워지기도 했지. 반민특위가 아무런 성과 없이 해체돼서 그런 거로 생각했어. 마음의 병이 커서 몸에도 병이 낫겠거니 하고 시간을 흘려보냈지.
 온몸이 쑤시기 시작하는데 어느 날인가는 일어날 수도 없이 아파. 거의 기다시피 해서 동네 의원으로 가서 약을 지어 먹었단다. 나랏일이 산더미라 큰 병원에 갈 생각을 못했던 거야. 몸을 돌볼 수 있는 상황이 아니었어. 약을 먹었으니 괜찮겠지, 하고 또 수개월을 보냈어. 그러는 사이 병은 내 다리 하나를 먹어버렸단다.

지팡이를 짚지 않고서는 걸어 다닐 수 없을 만큼 통증이 심하던 어느 날, 결국 서울대 병원에 입원을 하고 말아. 골수염이라는 진단을 받지.

"이리되실 때까지 뭘 하셨습니까?"

의사는 깜짝 놀라 물었어.

"통증이 이만저만이 아니었을 텐데 어찌 견디셨냐고요?"

초기에 치료했다면 발가락 정도 자르는 것으로 끝났을까? 상처는 이미 다리 위까지 올라와 있었어. 1950년 2월, 나는 왼쪽 다리 무릎 아래까지 잘라내는 큰 수술을 해. 고통이 이루 말할 수 없이 컸어. 왼쪽 무릎을 만지는 버릇은 그날부터 생겼단다.

병원에 입원해 있는데 한민당 사람들이 문병을 오는 거야. 이승만 대통령이 시킨 일이었어. 상태가 어느 정도인지 알고 싶었을 거야. 대통령의 의사를 전한 건 법무부 장관 권승렬이었어.

"대통령이 사표 쓰기를 원하고 있어요. 하루라도 빨리 관두시면 당장 다른 대법원장을 앉히겠다고……."

권 장관은 괴로워하는 얼굴이었어.

나는 누가 이래라저래라한다고 말을 듣는 사람이 아니야. 나보다 힘이 있는 사람이 아무리 대단한 권력을 행사해도 소용없지. 한평생 내가 옳다고 생각하는 일을 선택하며 살아왔어. 내가 이렇게 떳떳하게 말할 수 있는 건, 옳다고 생각했던 일이 항상 나보다 조국을 위하는 일이기 때문이었어.

지금 내가 대법원장의 자리에서 물러선다면 이승만 대통령이 어떤 사람을 대법원장의 자리에 앉힐지 불 보듯 뻔했지. 삼권분립은 무너지고, 지금도 그렇지만 더욱 이승만 독재 체제로 가는 거야. 나는 버틸 수 있을 때까지 버티기로 했어.

"그럴 일은 없다고 전해주시오. 수술도 잘 되었고, 관사로 퇴원할 터이니 그리 아시오."

권 장관은 잔뜩 찡그렸던 얼굴을 펴고 빙그레 웃더니, 병실을 나가더군.

관사에서 요양하면서 업무를 처리하던 어느 날이었어.

상상도 하지 못한 커다란 비극이 닥쳐왔어. 나는 너무나 놀라 벌떡 일어났다가 그만 푹, 고꾸라지고 말았어. 왼쪽 무릎 아래로는 다리가 없다는 걸 깜빡한 거야.

6월 25일, 전쟁이 시작되었단다.

해방된 조국이 분단될 것이라고는 꿈에도 생각을 못 했어. 분단된 조국에 살면서 전쟁이 벌어질 것이라고는 또 꿈에도 생각을 못 했지. 그런 생각을 하지 못한 건 이승만 정부도 마찬가지였어. 정부 관료들도 살려면 각자 알아서 피난을 가야 하는 형편이었단다.

이승만 대통령은 이미 피신한 후였고, 사법부도 1950년 6월 27일 아침, 피난을 가기로 했어. 오전 10시 나는 가족들을 불러 모았단다. 손자, 손녀까지 있으니 십여 명이나 되었지.

"나는 정부의 한 사람이니 정부를 따라 피난을 하는 게 도리다. 며칠 있으면 저놈들이 반격할 것이니 우리가 잠시 떨어져 있을 수밖에 없다. 모든 가족은 각자 알아서 해야 한다."

나는 아내에게 말했어.

"자네는 담양 친정으로 가 있게."

며느리들에게도 각자 친정으로 가라고 일렀어. 전쟁 통이니 몸이 가벼워야 하는 법이거든. 짐도 없어야 하지만 돌보아야 할 가족이 많아지면 피난길이 고된 법이야.

대법원장에게 배정된 것은 승용차 한 대였어. 나는 차에 오르며 큰손자 원보를 보았어. 퇴원한 지 얼마 되지 않아 아픈 것은 둘째 치고 부축이 없으면 걷기가 힘든 상태였지. 원보는 당시 대학교 3학년에 재학 중인 건장한 청년이었어. 아무래도 도움이 필요할 것 같아 차에 함께 태웠단다.

그때 다른 고위급 관료들처럼 아내와 자식들을 먼저 챙겨 피난을 갔더라면 어땠을까?

아내는 나보다 4살 많아. 16살에 시집을 왔으니 나와 함께 산 세월이 반백 년이 넘는단다. 나도 성격이 그렇지만 아내도 말수가 많은 사람이 아니었어. 시시콜콜 따지는 것을 좋아하지 않았지. 내가 무엇을 하자 하면 그저 믿고 따라주던 그런 사람이었어. 나랏일을 하느라 떨어져 있는 시간도 많았지만 없어도 늘 함께 있는 것 같아, 한 번도 이별이라는 것은 생각해보지 않았단다.

며칠 있으면 만나려니 생각했지. 그 길이 영영 이별이 될 줄은 꿈에도 생각을 못 했어. 북한군은 서울까지 빼앗았단다. 나는 대전을 거쳐 부산으로 갔어. 서울을 도로 찾을 때까지는 3개월이 걸렸지.

아내는 9·28 서울 수복 며칠 뒤 마을을 덮친 공산당 유격대에 의해 무참하게 살해되었단다. 대법원장의 아내라는 것이 살해 이유가 되었어. 골방에 숨어 있던 아내는 얼마나 무서웠을까? 무장 공비들에게 끌려 내려와 죽음의 순간을 맞기

까지 얼마나 괴로웠을까? 그런 생각을 하면 가슴이 갈가리 찢기는 것처럼 괴롭단다.

자식 셋도 피난길에 잃어버렸다가 겨우 찾았지.

전쟁 통에 아내를 잃고 자식을 잃은 사람이 어찌 나 한 명뿐일까? 그런 생각을 했단다. 나라가 위기일수록 높은 자리에 있는 사람들이 처신을 잘해야 하는 거야. 그래야 국민이 안심하고 지도층을 믿고 따를 수 있다고 생각했어.

아내의 묘소에 가지 않은 것도 그 때문이었어. 슬픔은 나 혼자 참아내야 할 몫이었지.

조카가 호남의 부잣집 며느리가 되었을 때 관사에 출입을 못 하게 한 것도 같은 이유였어. 당시에는 토지 관련한 재판들이 많았거든. 혹시라도 법관들이 대법원장 친척이라는 걸 알고 유리한 판결을 할 수 있어 미리 손을 쓴 거지.

당시에는 아버지가 돌아간 사람은 군 면제를 해주었단다. 나는 손자 김종인*이 혹 군대에 가지 않으려고 할까봐 걱정이 되었어. 대한민국의 모든 남자가 군대에 가는데, 대법원장

• **김종인** 1940년 출생. 전 국회의원, 전 대학교수. 여러 당의 비상대책위원회 위원장을 역임했다.

의 손자가 가지 않는 것은 비겁한 일이라고 생각했거든. 다행히 종인이도 그런 생각을 하여 신체검사를 받기도 전에 자원해서 20살에 현역으로 군대 생활을 했단다.

언젠가 종인이가 사람들한테 그런 말을 하더구나.

"집안 분위기가 할아버지가 잘되었다고 기뻐하고 그런 건 일절 없었어요. 가족으로서는 할아버지로부터 덕 보는 건 전혀 기대하지 않았지요. 할아버지는 들어오는 선물은 모두 물리쳤고요. 청탁하러 오는 사람도 없었어요. 찾아와 봐야 꾸중만 들으시니 말입니다."

대법원장 취임식에서 했던 말은 듣기 좋으라고 한 소리는 아니었으니까 말이야. 사법부에서 일하는 사람들은 그 누구에게도 의심받는 일을 해서는 안 돼. 국민의 기대에 맞도록 용감하게 살아야 하는 사람들이지. 매일 그런 맹세를 하는 날들이었단다.

15
대한민국 법률과 법제의 기초를 세우다

6·25 전쟁은 전세가 계속 바뀌면서 사그라질 줄 몰랐지.

1951년 1월 4일 중공군이 밀려들기 시작했어. 이때 정부의 모든 기관은 부산으로 내려간단다. 전쟁이 끝날 때까지 우리는 그곳에서 업무를 보았어. 사법부는 부산 부민동에 있던 경남 도지사 관사를 사용했지.

정말 어려운 상황이었어. 법관의 30%에 해당하는 사람들이 죽임을 당하거나 납치를 당했거든. 전쟁 이후 형사사건은 몇 배가 증가되어서, 6·25 이후 2년 동안 부산 지방법원 사건 중 형사가 3만 2천여 건, 민사가 5천여 건이나 되니 천문학적인 숫자였지. 초비상상황이었어. 나는 법관들을 불러 당부했단다.

"대한민국 국민 된 자는 살면 다 살고 죽으면 다 죽는다는 '공생공사'의 원칙을 알아야 합니다. 자기 혼자만 잘 살겠다고 사리사욕을 추구하는 일은 절대로 불가능하다는 걸 보여주어야 합니다!"

낮부터 밤늦게까지 재판 기록을 보며 업무를 하였단다. 그러고 나면 법전을 편찬하는 일에 골몰했어. 전쟁이 나는 바람에 법전편찬 작업이 중단된 상태였거든. 급하게 피난을 다니느라 법조문에 관련한 자료며 참고할 만한 책들을 제대로 챙기지 못한 게 무엇보다 안타까웠지. 전쟁 상황이라 정전도 자주 되었어.

나는 우리 법조문을 외국의 법조문들과 일일이 비교했어. 정전이 되면 아무것도 볼 수 없으니 머릿속으로 생각을 굴렸지. 우리나라 상황에서 이 법조문들이 어떻게 적용이 될 것인지 고민하다가 불이 들어오면 몇 자 적어 내려가는 일을 반복했어.

생각해 보면 법 공부를 시작했던 1910년부터 법조문을 붙들고 해석하고 적용하며 궁리해왔던 것이니 40년에 걸친 고민의 결과를 법조문으로 만들었다고 할 수 있어. 내가 초안을 만들면 대법관들이 한 조목씩 따져가며 논의하여 다듬어 나갔지. 다리가 불구가 되어 어디 다니지 못하는 일이 다행으로 여겨질 만큼 방대한 작업이었단다.

1954년 10월 13일 국회에 개인의 권리와 관련된, 민법 초안을 제출하는 데 본문과 부칙을 포함하여 총 1,150개나 되었지. 민법은 여러 차례 수정을 거쳐 마침내 1960년 1월 1일 시행된단다.

민법은 특히 지금까지의 관습법을 정리하고 새로운 시대의 이념을 실현하는 데 노력하였어. 예를 들어 '물권'이란 물건에 대한 소유권을 말해. 내가 보기에 독일의 물권이나 일본의 물권이나 문제가 컸어. 우리의 독창적인 조항이 필요했지. 그렇게 해서 제186조를 만들었단다.

제186조(부동산 물권변동의 효력) **부동산에 대한 법률 행위로 인한 물권의 득실 변경은 등기하여야 그 효력이 생긴다.**

'득실 변경'이란 주인이 바뀐다는 뜻이고, '등기'라는 건 국가기관에 물건을 소유한 사람을 기록하는 행위야. 물건의 소유자를 등록함으로써 부동산 거래를 투명하게 하고 억울한 사람이 없도록 하였지. 이 조항은 현재까지 개정 없이 사용하고 있으니 애써서 고민한 보람이 있었단다.

　형법은 1953년 8월 국회 본회의에서 통과되었어. 총칙 각칙 합하여 397개 조의 법안이야. 사람들이 형법총칙을 들어 '김병로 표 총칙'이라고 한 것은 일본법을 기초로 한 것도 아니요, 독일법을 기초로 한 것도 아닌 한국의 특수성을 고려한 형법이었기 때문이었어.
　"새 법이 공포 실시되면 피고의 인권 옹호에 큰 도움이 될 것이다. 일제식 법률과는 전혀 다른 민주주의적인 법률이라는 것을 자신한다."
　초안 작업의 실무를 맡은 정윤환 판사는 이렇게 말했단다.
　일제강점기를 거치며 내가 가장 심각하게 생각했던 것은 범죄가 의심되어 재판받을 사람인, 피의자를 고문하는 일이었어. 해방되었으나 경찰이 피의자를 고문하는 건 여전히 공공연한 비밀이었지.
　어떻게 하면 고문을 막을 수 있을까? 법적으로 장치를 할 필요가 있었어. 한 가지 좋은 방법이 떠올랐어. 잘잘못은 결국 공판에서 가려지는 거잖니.

"경찰이 고문을 해서 거짓으로 자백을 했습니다."

피고인이 이렇게 말한다면 어떨까? 재판장은 허투루 들을 수 없을 거야.

바로 이것을 법으로 만들 필요가 있었어. '피고인이 경찰서에서 자백을 하더라도 공판에서 부정하면 유죄의 증거가 될 수 없다'는 규정을 만드는 거지. 다시 말하면 피고인이 법정에서 인정할 경우에만 증거능력을 부여하자는 거야.

하지만 이 법안은 경찰은 물론이고, 정부의 심한 반발을 불러왔단다.

"경찰이 기껏 조사를 끝내고 자백까지 받았는데 공판에서 이를 부인하면 어쩌자는 겁니까? 처음부터 다시 조사를 하라는 말입니까?"

"현실을 전혀 모르는 불가능한 소리요."

"결단코 받아들일 수 없습니다!"

이 법안을 환영한 건 대한변호사협회였단다.

"고문을 막을 수 없는 현실을 생각할 때 자백을 강요하는 것을 끊을 수 있는 좋은 법입니다."

"그렇게 되면 피고인의 자백이 소용없으니, 수사를 더 과학적으로 할 것 같군요."

"피고인의 인권을 옹호하는 대단히 좋은 법 규정입니다. 찬성합니다!"

국회의 결정만 남았지.

국회에서는 정부의 의견을 받아들이지 않았어. 가장 중요한 증거가 되는 '피의자신문조서'는 이렇게 국회를 통과하여 지금까지 유지되고 있단다.

'국가보안법'은 1948년 말에 일시적으로 만든 법이야. 나라가 혼란스러울 때였으니 국가의 안전을 위태롭게 하는 사람들을 처벌하자고 임시로 만든 법이었지.

나는 국가보안법도 없애야 한다고 주장했어. 이승만 정부는 '국가보안법'을 이용해서 정부에 반대하는 것은 북한 공산당을 이롭게 하는 일이라며, 비판 세력들을 고문하고 감옥에 가두었거든.

"이번에 새로 만든 형법으로 국가보안법은 없어도 됩니다."

법전편찬위원회는 강력하게 주장을 했어.

"국가보안법으로 벌을 남용할 뿐이요, 인권을 해치고 있습니다."

"국가보안법으로 처벌할 사람이면 형법으로도 충분합니다."

하지만 국회 본회의에서 국가보안법은 유지·존속되었고, 몇 번의 개정은 있었으나 지금까지 유지되고 있단다.

법정에서 하는 선서도 이때 만들었어. 법률 용어는 대부분 한자어여서 쉬운 한글로 바꾸었단다.

"양심에 따라 숨김과 보탬이 없이 사실 그대로 말하고 만일 거짓말이 있으면 위증˙의 벌을 받기로 맹세합니다."

이 선서도 현재 형사소송법 제157조 제2항에 그대로 유지되어 현재까지 사용하고 있어.

재판석의 좌석에 대한 고민도 꽤 많았단다.

일제강점기에는 검사가 재판장과 똑같이 단상에 나란히 앉아 있고 변호사는 단상 아래에서 변론했거든. 그러니 변호사와 피고인은 단상 위에 있는 검사와 재판장을 올려다보아야 했어. 변호사와 피고인은 심리적으로 부담을 느낄 수밖에 없는 배치였지.

• 위증 거짓으로 증명함, 또는 그런 증거.

재판장은 판결을 선고하는 사람이야. 나는 검사와 재판장은 분리시켜야 한다고 생각했단다. 검사와 변호사는 같은 사건에 대해 서로 다르게 주장을 하는 사람이니 이 둘을 단상 아래 두는 것이 맞는다고 생각한 거야. 논의를 거쳐 초안을 결정지었단다.

누가 반발을 했을 것 같니? 바로 검사였어. 한동안 검사들은 재판정에 들어오는 것을 거부하며 주장을 굽히지 않았지.

우리는 법복도 마련했어. 해방 이후 우리 법관들은 일제가 쓰던 법복을 입을 수가 없어서 양복을 입거나 한복에 두루마기를 걸쳐 입었거든. 법복에 관해 토론을 하면서 가장 크게 논쟁이 되었던 것이 바로 '모자'였어.

나는 모자를 쓰는 것에 반대했어. 예의는 차리되 간소해야 한다고 생각했거든. 어떻게 설득할까 고민했지. 삼국지에서 제갈량이 썼던 모자부터 시작해서 동서고금의 모자의 종류를 에피소드를 곁들어 이야기했어. 두 시간 정도 이야기했을 거야. 한참 재미있게 듣고 있던 법관들이 먼저 이야기하더군.

"그러니까 모자를 쓰지 말자고 얘기하시는 거지요?"

"법복에서 법조인의 위신이 나오는 게 아닙니다."

애써서 이야기했지만 결국, 모자는 쓰는 쪽으로 결론이 났어. 법복과 모자에 나라꽃인 무궁화를 수놓았으니, 재판정에 들어갈 때면 가슴이 뜨거워지곤 했단다.

 1950년 6월 25일 일어난 전쟁은 1953년 7월 27일 휴전을 해. 3년이 넘는 전쟁은 우리나라를 처참하게 짓밟았지. 가족들을 잃어버리게 만들고, 살 곳을 없애버렸어. 몸을 불구로 만들고 큰 병을 얻게 했지. 같은 민족끼리 총부리를 겨누는 전쟁은 너무나 비참했단다.
 우리 법관들은 3년 내내 치열하게 법조문을 만들었어. 전쟁이 끝날 즈음에는 기본법전 편찬을 모두 완성했지. 그 시간을 견딜 수 있었던 건 나라를 바로 세우려는 간절한 마음과 시대가 부여한 사명감 때문이었단다.

16
이의가 있으면 항소하시오

1952년 2월 18일. 중앙청 정문에 헤아릴 수 없는 많은 사람이 모였어. 이들은 국회의사당으로 향하고 있었는데 무려 4~5,000명이나 되었지. 정말 대단한 시위였어.

플래카드에는 이렇게 쓰여 있었단다.

국민의 기본 권리를 박탈하는 국회의원을 추방하자.

언뜻 보면 나라를 사랑하는 국민들이 하는 의미 있는 시위 같아 보였지.

"국회의원 소환제˙를 실시하라!"

"대통령 직선제˙를 실시하라!"

· **국회의원 소환제** 임기가 끝나기 전에 국회의원을 파면시키는 제도
· **대통령 직선제** 국민 전체가 투표하여 대통령을 선출하는 제도

거리에는 사람들의 함성으로 가득 찼어.

"이승만 대통령 만세!"

"국민은 이승만 대통령을 원한다!"

"대통령 직선제로, 이승만을 대통령으로!"

그들은 나라를 바로 세우기 위해 거리로 뛰쳐나온 국민들이 아니었어. 이승만 대통령이 돈을 주고 산 국민들이었지. 정부가 개입하여 만든 시위라 해서 이것을 관제 데모라고 한단다.

이승만은 1948년 대통령이 되었어. 4년 임기이니 1952년에는 새로운 대통령을 선출해야 했지. 국회의원들은 어서 빨리 대통령을 뽑을 날만을 기다렸단다.

이 사실을 누구보다 잘 알고 있는 사람이 바로 이승만이었어. 국회의원들이 대통령을 뽑는 간선제를 실시하면 자신이 대통령이 될 수 없으니 이리저리 머리를 굴렸지. 마침 나라가 전쟁을 하고 있는 상황이야. 국민들은 정치에 신경 쓸 겨를이 없어. 혼란스러운 틈을 타서 부정 선거를 할 수도 있으니, 국민들이 직접 대통령을 뽑는 직선제로 헌법을 바꾸면 자신에게 유리하겠다고 생각했단다.

이것을 국회의원들이 저지하자 관제 데모를 하여 영향력을 행사한 거야. "내 말을 듣지 않으면 국회의원 자리를 빼앗을 수 있다." 그렇게 협박을 한 거지.

 국회의원이 부패했거나 불법행위를 저질렀을 때 국민이 해당 국회의원을 자리에서 물러나게 하는 것을 국민소환권이라고 해. 나는 국회로 나가 이렇게 답변했어.
 "국민소환권이라는 법은 불가능한 법이 아닙니다. 하지만 우리나라는 현재 국민소환권이라는 법이 없으므로 법을 먼저 제정해야 합니다. 법을 제정한 후라도 이것을 실행시킬 절차에 관련한 법은 따로 마련해야 합니다."
 국회는 나의 발언을 제시하며 국회의원 소환권에 대해 대통령에게 분명하게 거부 의사를 밝혔단다.
 하지만 이쯤에서 물러날 이승만 대통령이 아니었어. 다시 관제 데모를 동원하니 이번에는 어린이까지 동원한 대대적인 규모였어.
 1952년 5월 25일에는 임시 수도인 부산에 비상계엄*령을

• 비상계엄 전쟁이나 위험한 사태로 혼란해진 사회 질서를 회복하기 위해, 군인들이 그 지역을 통치하도록 하는 조치.

선포하고 직선제에 반대하는 국회의원 50명이 탄 버스를 헌병대로 끌고 가는 야만스러운 행동까지 저질러. 이유가 있어야 하니, 공산당과 한통속이라는 누명을 씌워서 고문을 하고 감옥에 가두었어.

결국 이승만은 대통령 직선제로 헌법을 개정하는 데 성공해. 그리고 반대하는 사람들이 있으면 군대, 경찰, 깡패를 동원하여 협박했어. 세상에 그런 무법자가 따로 없었지.

그즈음 서민호 의원이 서창선 대위를 방어하다가 총을 쏘아 사살하는 사건이 발생해. 서창선 대위가 술을 마시고 서민호 의원에게 총을 들이대며 난동을 부리니 서민호 의원 입장에서는 정당방위였지.

이승만 대통령은 다시 관제 데모를 조직한단다. 서민호 의원은 이승만 직선제 개헌안을 반대하는 국회의원들의 선봉에 선 의원이었거든.

'국민의 뜻'이 아닌 것들이 다시 '국민의 뜻'을 위장하여 법원 앞에서 시위를 했으니, 조선방직공장 직공 3천 명을 시위대에 동원한 것이었어.

"서 의원을 죽여라!"

"서 의원을 석방하면 안 판사를 죽인다!"

플래카드와 함성들로 법원은 그야말로 아수라장이었어.

서민호 의원의 재판을 맡은 안윤출 판사는 양심을 속일 수 없어, 죽기를 각오하고 서 의원의 석방을 선고한단다.

이승만 대통령은 크게 격분하여 안윤출 판사를 체포할 것을 명령해. 자신이 관제 데모를 동원하고는, 국민들이 혼란하다는 핑계로 계엄령까지 선포하지.

"사람을 죽인 놈을 어떻게 석방합니까? 대법원장이 당장 다시 바로 잡으시오!"

이승만 대통령은 나에게도 강력하게 불만을 표시했어.

삼권분립이 되어 있는 민주국가에서 대통령이 사법부 수장인 대법원장에게 이래라저래라 명령한다는 건 있을 수 없는 일이야. 사법부의 독립을 완전히 무너뜨리는 일이지.

"판사가 내린 판결은 대법원장도 이래라저래라할 수 없는 것이오."

나는 대통령에게 분명히 말했지.

"판결이 잘못되었다고 생각하면 절차를 밟아 항소하시오."

이승만 대통령의 폭정이 이어졌어.

1954년 이승만은 여당인 자유당을 만들어 137석을 확보한단다. 당에 입당할 때 헌법개정안에 찬성하겠다는 서약서도 쓰게 했어. 국회의원 재적 인원이 203명인데 여기에서 2/3면 136석이니, 137석은 헌법을 개정할 수 있는 숫자였지.

대통령은 어떤 법을 그토록 바꾸고 싶었을까? 처음 대통령 임기는 4년이었으나 이승만은 초대 대통령만 두 번까지 가능한 중임제로 바꾸어 4년을 더했어. 그 중임제가 끝나가고 있었지. 이승만 대통령은 본색을 드러내어 종신제로 바꾸고 싶었단다. 평생 대통령을 하고 싶었던 거야.

1954년 11월 27일 국회는 헌법개정안을 투표에 부쳐. 재적 인원 202명, 가 135표, 부 60표, 기권 7표, 결석 1표였어. 재적 인원의 2/3가 넘어야 개정안이 통과되는 거야. 딱 1표 차이로 부결이었지. 자유당 안에서도 누군가는 반대표를 던진 거야.

하지만 다음 날 자유당은 회의를 열어 이를 번복해.

"지난 제90차 회의 중에 헌법 개정안 통과 여부 부결 발표는 정족수의 계산상 실수였다는 것을 밝히고 취소합니다. 재적 203명의 3분의 2는 135표로 통과됨이 정당함으로써 헌법 개정안은 헌법 제98조 제4항에 의하여 가결 통과됨을 선포합

니다."

국회는 아수라장이 되었어. 발표를 하자마자 재빨리 자리를 피하려던 부의장은 야당 국회의원들에게 멱살이 잡혔지. "민주주의가 죽었다!"며 욕설과 고성이 오고 갔어.

203명의 3분의 2는 135. 333…… 이야. 이승만 대통령은 수학의 논리를 들어 4사5입을 이야기했어. 4사5입하면 3분의 2가 135라는 거야.

나는 당시 동아일보(1954. 11. 30.)를 통해 내 의견을 밝혔어.

'원래 4사5입이라는 것은 넷까지는 남지만 이를 버리고, 다섯 이상은 모자라도 하나 더 넣는다는 것으로서 4사란 결국 다소간 남는 경우에도 이를 버린다는 것인데 모자라는 경우의 4사란 이해할 수 없는 말'이다.

이거야 초등학생도 다 아는 이야기가 아닌가.

사사오입 개헌은 2가지 불법을 저지르며 진행된 개헌이야. 하나는 정족수를 바꾼 것이고, 또 하나는 이미 부결된 개헌안을 뒤집은 것이지.

이승만 대통령은 사법부를 곱게 보지 않았어. 나와는 반민특위로부터 시작되어 형사법 제정으로 번번이 의견을 달리하며 긴장 관계를 유지해왔지. "같이 손잡고 정치를 하자"며

회유와 협박을 반복하더니 어느 날은 불만을 노골적으로 드러냈어.

"경찰과 검찰이 넘긴 피의자를 법원이 멋대로 석방하니 참 문제가 아닐 수 없소이다."

대통령은 본심을 꺼냈지.

"어떤 방편으로든지 재판장의 권한에 한계가 있어야 하겠습니다. 사법부의 권한을 축소해야 합니다."

사법부의 권한을 축소한다는 말이 무슨 뜻일까? 그건 바로 경찰과 검찰이 내리는 판단을 그대로 따르라는 소리였어. 경찰과 검찰에게 지시를 내리는 사람은 바로 대통령이었지. 한마디로 이승만 대통령은 사법권을 마음대로 주무를 수 있는 경찰국가를 만들고 싶었던 거란다. 참 무서운 일이지.

대한민국은 국민이 주인인 법치국가야. 민주주의를 지켜내기 위해서 사법부의 독립이 무엇보다 중요한 때였단다.

17
대법원장 퇴임

1957년 12월 16일 나는 이승만 정부에서 70세로 정년 퇴임을 한단다. 퇴임식은 국회에서 진행이 되었어. 늘 그렇듯 한복에 두루마기를 입고 운동화를 신고 지팡이를 짚고 섰지.

"그동안 내가 가장 가슴 아프게 생각하는 것은 전국의 법원 직원들에게 지나치게 무리한 요구를 한 것입니다."

나는 그렇게 말을 떼었어. 직원들에게 청렴과 강직과 공정을 강조한 나머지 지나치게 인내를 요구한 것이 아닌가, 하는 생각이 들었던 거야.

나라 살림이 어려운 때였어. 겨울에는 한파가 몰아닥쳤지. 나는 작은 목탄 화로 하나 놓고 겨울을 났어. 우리가 받는 월급이 국민이 낸 세금이라고 생각하면 단 한 푼도 허투루 쓸 수가 없었단다.

"선생님, 춥지 않으십니까?"

장준택 지원장은 놀란 얼굴이었지.

"뭐, 이 정도 추위가 어디 추윈가. 요즘 젊은 사람들은 조금만 추워도 호들갑을 떤단 말이야."

나는 웃으면서 대꾸했어. 청사에 경제적인 지원을 요청하러 들른 장준택 지원장은 본론은 꺼내지도 못하고 그냥 돌아갔다고 해.

법원 내의 난방은 영하 5도 이하로 내려갈 때만 허용했어. 잉크병이 얼면 난로에 녹여가며 썼어. 한번은 대법원장이 쓰는 도장이 반 토막 나자 직원이 새로 도장을 만들어오겠다고 하는 것을 붙들었어.

"도장 찍는 데는 아무런 문제가 없으니 그대로 쓰겠습니다."

직원은 그럴 줄 알았다는 얼굴을 하더니 두말 하지 않고 나갔지.

나는 판사들에게 이런 말을 자주 했어.

"판사는 가난해야 해. 판결문은 추운 방에서 손을 혹혹 불어가며 써야 진짜 판결이 나오는 거야."

나는 법관은 '정의의 수호자'라고 생각한단다. 세상 사람들이 다 부정을 저질러도 끝까지 정의를 지키는 사람, 양심이 지지하는 대로만 행동하는 사람이 바로 법관인 거야.

나는 정의의 수호자로서 사법부의 독립을 함께 지켜낸 법관들을 한 명 한 명 돌아보았어. 모두 자리를 지킬 수 있었던 것은 아니었단다.

방순원 판사가 대법원장실에 방문했던 그날도 매섭게 추운 어느 날이었어. 방 판사는 변호사를 개업하기 위해 사표를 내러 들른 거였지. 나는 버럭 화를 냈어.

"당신은 일정하에서도 법관으로 지냈고, 미 군정하에서도 법관으로 봉사해 오면서 왜 우리 대한민국 사법부에는 협력을 못 하겠다는 겁니까?"

방 판사는 몇 번이나 한숨을 푹푹 내쉬더니 어려운 살림에 관해 이야기했어. 자식이 있는데 학비를 댈 수가 없다는 거야. 당시에는 법관 월급이 아주 적었거든.

나는 방 판사의 손을 덥석 잡고 간절히 말했어.

"나도 죽으로 살고 있어요. 우리 서로 죽을 먹어가며 일해

봅시다."

방 판사는 괴로운 얼굴로 돌아갔어.

그날의 일은 오랫동안 나를 괴롭게 했단다. 퇴임식을 하면서 나는 한 가지 덧붙였어. 입법부와 행정부가 서로 잘 협력하여 공무원들이 생활할 수 있을 정도의 경제적인 지원을 부탁한다고 말이야.

대법원장으로 보냈던 시간이 9년 3개월이야. 언론은 내게 '사법의 창조주', '법의 거인'이라는 타이틀을 붙이며 퇴임식을 보도했어. 정부 각료들이며 국회의원들의 존중과 격려를 받으며 퇴임식을 마쳤단다.

퇴임 이후 우리나라는 더욱 격랑 속으로 휘말려 들어가.

1960년 4·19 혁명으로 이승만 정부가 물러나고, 1961년 5월 16일 박정희가 군사쿠데타로 정권을 잡지. 나는 일제강점기와 해방 후 미군정 시기에 그랬던 것처럼, 정치적으로 의견은 달리하지만, 애국심만은 똑같은 사람들을 설득해 가며 연대를 모색했어.

1963년에는 박정희에 반대하는 세력을 끌어모아 당을 만드는 일에 내 마지막 힘을 다 쏟는단다. 일제강점기 때 그랬던 것처럼 내 인현동 집은 정치인들의 집합소가 되지. 국민의 당을 만들어 최고위원으로 일한 것이 내가 한 마지막 정치적 활동이었어.

그즈음 자리에 누우면 자꾸 어린 시절의 내가 보였단다. 나는 1888년 1월 27일(고종 25년)에 태어났어. 어머니는 몸이 쇠약하고 아버지는 멀리 타향에서 나랏일을 하셨으니 할아버지 손에서 컸지. 할아버지를 아버지로 알고, 어머니로 알고 지내던 어느 날, 할아버지가 그만 돌아가셨단다. 내 나이 6살이었다. 이듬해 아버지도 돌아가시니, 나는 일찍 철이 들어야 했어.

그 시절을 떠올리면 친구들하고 놀았던 기억이 없구나. 늘 공자니, 맹자니, 하면서 사서삼경을 공부했어.

이후 나를 돌보시던 할머니마저 내 나이 12살에 돌아가셨지. 할머니는 내가 혼자 남겨질 것을 예감이라도 하셨는지 한 해 전에 나를 결혼을 시켜. 아내는 나보다 4살 위인 정 씨였단다. 16세기 '관동별곡'을 쓴 정철의 후예인 정교의 딸이었지.

아내를 만나면 고맙다는 말을 먼저 해야 할까, 미안하다는 말을 먼저 해야 할까. 우린 그냥 또 서로 마주 보고 배시시 웃고 말 것 같구나.

나는 1964년 1월 13일 눈을 감는단다. 만으로 76세였지. 가느다란 생명 그 한숨까지 전력을 다한 삶이었다.

나라가 혼란스러울 때 민주주의는 늘 시험대에 오른단다. 그 시험대를 통과한 나라만이 민주주의가 더욱 단단해지는 법이야. 사법부의 독립을 지키기 위해 그 시절 최선을 다했던 우리들의 노력을 잊지 않기를 바라며, 대한민국 국민으로 자랑스럽게 지내기를 바란다.

가인 정신을 익히고 널리 알리는
'가인 김병로 연구회'

　순창군 복흥면 하리 출신, 김병로 첫 대법원장의 정신을 널리 알리기 위해 '가인 김병로 연구회'는 2020년 창립해 30여 회원이 참여하고 있다.

　공무원, 교사, 농업인, 언론인, 가인 선생 후손, 지역 리더 등 다양한 사람들이 참여해 가인 정신을 익히고 이를 알리는데 중점을 두고 있으며 가인 선생의 민주, 정의, 통합 정신을 계승 함양하여 공동체의 화합과 발전에 기여함을 목적으로 한다. 가인 정신 계승 함양 사업과 자료수집 및 홍보사업, 저술 및 출판사업, 도시민과 교류사업, 기념관 및 청렴연수원 조성사업 등의 사업을 수행하고 있다.

　혼돈과 분열의 시대, 가인 정신이 나침반의 역할을 해야 한다는 사명감에 연구회가 시작됐다. 지공무사(至公無私) 청렴 강직의 대법원장, 민족 변호사, 법학 교육자, 사법 행정가, 법조인들의 교과서, 의병 활동, 불의와 타협하지 않은 지조 있는 지도자 김병로. 이런 가인 정신을 배우고 익혀 나 자신의 삶과 지역에 이 정신을 심고 꽃 피워, 궁극에는 가인 정신이 순창과 전북을 넘어 대한민국 전체로 퍼져나가기를 간절히 바란다.

  호랑이는 죽어서 가죽을 남기고 사람은 죽어서 이름을 남긴다. 이름은 곧 정신이다. 가인 김병로 연구회가 한 시대를 넘어 후대에까지 깊은 울림을 주는 가인 정신을 널리 전파하는데 조금이라도 도움이 되려고 열심히 노력하고 있다. 독자분들의 관심과 성원과 더 나아가 회원으로 가입해 함께 활동할 것을 적극 권유하고 싶다.

  가인의 정신을 알고 접목하는 것은 긴 경주와 같다. 한인섭 서울대 법학대학원 교수의 저서 《가인 김병로》는 우리가 활동의 목표를 정하고 실천하는 데 많은 길잡이가 되었다. 어른 독자들이 읽기에 좋은 《가인 김병로》 연구서에 더해서 어린이, 청소년들의 눈높이에서 읽을 만한 또 한 권의 책이 탄생하였다. 《첫 대법원장 김병로 법 이야기 명장면》을 통해 우리 어린이, 청소년들이 이 시대 진정한 리더의 모습에 대해 많은 생각을 해 보기를 희망한다.

가인 김병로 연구회 회장 윤영길

초등 학년별 교육과정 연계 활동 내용

3학년	1학기	과목	사회	학습주제	우리가 알아보는 고장 이야기
학습 목표	고장에 전해 내려오는 대표적인 문화유산과 관련된 자료를 조사하여 문화유산의 특징과 가치를 파악함으로써 고장에 대한 자긍심을 기르도록 한다.					
관련 성취 기준	[4사01-03] 고장에 전해 내려오는 대표적인 문화유산을 살펴보고 고장에 대한 자긍심을 기른다.					
수업 활동	▶ 가인 김병로와 관련된 문화유산 및 장소를 조사하는 계획을 세워 다양한 방법으로 조사하고 소개하기					

4학년	2학기	과목	사회	학습주제	우리가 알아보는 지역의 역사
학습 목표	지역의 인물과 관련된 문화유산을 답사하고, 소개하는 자료를 만들어 지역의 인물을 소개할 수 있다.					
관련 성취 기준	[4사03-04] 우리 지역과 관련된 역사적 인물의 삶을 알아보고 지역의 역사에 대해 자부심을 갖는다.					
수업 활동	▶ 가인 김병로에 대해 조사하고 내용 정리하기 ▶ 가인 김병로와 관련된 지역을 답사하기 ▶ 가인 김병로의 뇌 구조 그려보기					

4학년	2학기	과목	국어	단원명	8. 본받고 싶은 인물을 찾아봐요
단원 목표	전기문을 읽고 인물의 삶을 이해할 수 있다.					
관련 성취 기준	[4국02-03] 글에서 낱말의 의미나 생략된 내용을 짐작한다. [4국01-05] 내용을 요약하며 듣는다.					
수업 활동	▶ 본받을 점을 생각하며 책을 읽고, 본받고 싶은 점을 이야기 해 보기					

5학년	1학기	과목	사회	학습주제	인권 존중과 정의로운 사회
학습 목표	인권이란 무엇인지 알아보고, 인권 신장을 위해 노력했던 사람들의 활동을 살펴보자.					
관련 성취 기준	[6사02-01] 인권의 중요성을 인식하고 인권 신장을 위해 노력했던 옛사람들의 활동을 탐구한다. [6사02-03] 인권 보장 측면에서 헌법의 의미와 역할을 탐구하고, 그 중요성을 설명한다.					
수업 활동	▶ '가인 김병로' 책을 읽고 인권의 의미와 중요성 인식하기 ▶ '가인 김병로' 책을 읽고 헌법의 의미와 역할 알아보기 ▶ 대한민국 헌법에서 인권 관련 조항 찾아보기					

5학년	1학기	과목	국어	단원명	(독서 단원) 8. 아는 것과 새롭게 안 것
단원 목표	아는 지식을 활용해 글을 읽을 수 있다.					
관련 성취 기준	[6국02-01] 읽기는 배경지식을 활용하여 의미를 구성하는 과정임을 이해하고 글을 읽는다. [6국05-05] 작품에 대한 이해와 감상을 바탕으로 다른 사람과 적극적으로 소통한다.					
수업 활동	▶ 가인 김병로 선생님에 대한 배경지식을 떠올려 발표하기 ▶ 배경지식을 활용하여 '가인 김병로' 책을 읽고 새롭게 알게 된 것 발표하기					

5학년	2학기	과목	사회	학습주제	일제의 침략과 광복을 위한 노력
학습 목표	일제의 침략에 맞서 광복을 찾고자 노력한 인물의 활동을 알아보자.					
관련 성취 기준	[6사04-03] 일제의 침략에 맞서 나라를 지키고자 노력한 인물의 활동에 대해 조사한다. [6사04-04] 광복을 위하여 힘쓴 인물의 활동을 파악하고 나라를 되찾기 위한 노력을 소중히 여기는 태도를 기른다.					
수업 활동	▶ '가인 김병로' 책을 읽고 일제의 침략에 맞서 나라를 지키고자 노력한 인물의 활동 조사하여 발표하기 ▶ '가인 김병로' 책을 읽고 광복을 위하여 힘쓴 인물의 활동 조사하여 발표하기					

6학년	1학기	과목	사회	학습주제	민주 정치의 원리와 국가 기관의 역할
학습 목표	법원에서 하는 일과 법원이 국민 생활에 미치는 영향을 다양한 사례를 통해 탐구할 수 있다.				
관련 성취 기준	[6사05-05] 민주 정치의 기본 원리(국민 주권, 권력 분립 등)을 이해하고, 그것이 적용된 다양한 사례를 탐구한다. [6사05-06] 국회, 행정부, 법원의 기능을 이해하고, 그것이 국민 생활에 미치는 영향을 다양한 사례를 통해 탐구한다.				
수업 활동	▶ 대한민국 헌법 중 '국민 주권의 원리' 예시 찾기 ▶ 책을 읽고, 법원에서 하는 일 정리하기 ▶ 책을 읽고, 삼권분립의 중요성 파악하기				

6학년	1학기	과목	국어	단원명	8. 인물의 삶을 찾아서
단원 학습 목표	이야기에서 인물이 추구하는 가치를 파악하고 자신의 삶과 관련지을 수 있다.				
관련 성취 기준	[6국05-06] 작품에서 얻은 깨달음을 바탕으로 하여 바람직한 삶의 가치를 내면화하는 태도를 지닌다. [6국02-03] 글을 읽고 글쓴이가 말하고자 하는 주장이나 주제를 파악한다.				
수업 활동	▶ '가인 김병로'가 추구하는 가치 파악하기 ▶ '가인 김병로'가 추구하는 가치를 자신의 삶과 관련짓기 ▶ '가인 김병로' 책에 나오는 인물 소개하기				

6학년	1학기	과목	국어	단원명	9. 마음을 나누는 글을 써요
단원 학습 목표	글쓰기 과정을 생각하며 마음을 나누는 글을 쓸 수 있다.				
관련 성취 기준	[6국03-01] 쓰기는 절차에 따라 의미를 구성하고 표현하는 과정임을 이해하고 글을 쓴다. [6국03-02] 목적이나 주제에 따라 알맞은 내용과 매체를 선정하여 글을 쓴다. [6국04-01] 언어는 생각을 표현하며 다른 사람과 관계를 맺는 수단임을 이해하고 국어 생활을 한다.				
수업 활동	▶ '가인 김병로'에게 편지 쓰기 ▶ '가인 김병로'를 소개하는 글쓰기				

6학년	2학기	과목	국어	단원명	1. 작품 속 인물과 나
단원 학습 목표	작품에 등장하는 인물의 삶을 이해하고, 인물의 삶과 자신의 삶을 관련지을 수 있다.				
관련 성취 기준	[6국05-06] 작품에서 얻은 깨달음을 바탕으로 하여 바람직한 삶의 가치를 내면화하는 태도를 지닌다. [6국05-01] 문학은 가치 있는 내용을 언어로 표현하여 아름다움을 느끼게 하는 활동임을 이해하고 문학 활동을 한다.				
수업 활동	▶ '가인 김병로'의 말과 행동에서 시대적 배경 파악하기 ▶ 사회적 문제와 이에 대응하는 '가인 김병로'의 행동을 파악하기 ▶ '가인 김병로'가 추구하는 삶과 자신의 삶 비교하기 ▶ '가인 김병로'의 삶과 관련 있는 가치를 찾고 가치 수직선 활동하기				

6학년	2학기	과목	국어	단원명	(독서 단원) 책을 읽고 생각을 넓혀요
단원 학습 목표	사람들의 삶을 다룬 책을 읽고 독서 능력과 태도를 기를 수 있다.				
관련 성취 기준	[6국02-03] 글을 읽고 글쓴이가 말하고자 하는 주장이나 주제를 파악한다. [6국02-06] 자신의 읽기 습관을 점검하며 스스로 글을 찾아 읽는 태도를 지닌다.				
수업 활동	▶ 책을 읽고 다양한 독후 활동 실시하기 　- 독서 골든벨, 가인 김병로의 업적 정리하기, 가인 김병로의 명대사 찾기, '가인 김병로'로 오행시 짓기, 독서 토의(독서 토론)하기, 책 광고 만들기				

출판놀이 후원회원

강기원, 강진선, 강벼리, 고 담, 공지희, 권이순, 김경숙, 김경애, 김동성, 김린다, 김미옥, 김미혜, 김바다, 김여름, 김연자, 김연희, 김영숙, 김영완, 김영주, 김 온, 김용안, 김용철, 김윤용, 김은영, 김은오, 김은하, 김일호, 김재복, 김정희, 김진영, 김태호, 김효진, 류미정, 문수경, 문정아, 문현식, 박덕준, 박미옥, 박민정, 박봉서, 박상률, 박수경, 박순우, 박영기, 박영란, 박영희, 박은아, 박인호, 박정완, 박종순, 박종진, 박준규, 박진형, 배상선, 백승남, 백은경, 백은하, 백창희, 백하나, 변정혜, 변정희, 서희경, 송 언, 신동진, 신자은, 신정선, 신현창, 심민경, 안민희, 안유진, 양민아, 어은경, 엄진숙, 염희정, 원명희, 유금희, 유병천, 유정옥, 유하정, 윤수란, 이갑순, 이 강, 이경빈, 이경원, 이경화, 이동후, 이란실, 이명희, 이봉렬, 이성숙, 이숙현, 이영미, 이영애, 이영주, 이유정, 이윤정, 이은숙, 이은정, 이의옥, 이인도, 이재복, 이중현, 이진아, 이진우, 이창숙, 이향원, 이향지, 이화진, 이희곤, 임어진, 장영복, 장재선, 장주식, 장지영, 장지희, 전경남, 전진영, 정상용, 정성희, 정수림, 정아영, 정영민, 정은교, 정은숙, 조미연, 조은호, 조재홍, 조현욱, 주점란, 차수철, 차유나, 최연숙, 최윤정, 최은희, 최현정, 황종금